Irène Moderer, Barbara Bättig

Lesetipps für Lesespaß

Lektüren für Kinder und Jugendliche mit Leseschwierigkeiten

Herausgeber:

Spektrum Schule –
Beiträge zur Unterrichtspraxis

Klett und Balmer Verlag Zug

Irène Moderer, Barbara Bättig

Lesetipps für Lesespaß

Lektüren für Kinder und Jugendliche mit Leseschwierigkeiten

Herausgeber:

Schweizerisches Institut
für Kinder- und Jugendmedien

Die Reihe «Spektrum Schule – Beiträge zur Unterrichtspraxis» im Verlag Klett und Balmer vereinigt Titel, die in loser Folge methodische, didaktische, pädagogische oder schulorganisatorische Fragen aufgreifen.

Betreuung im Verlag: Marcel Holliger
Korrektorat: Julia Bethke
Umschlaggestaltung: C+H Waldvogel, Zürich
Gesamtherstellung: IB Print AG, Zug

1. Auflage 2003
© Klett und Balmer AG, Zug, 2003
ISBN 3-264-83480-4
Alle Rechte vorbehalten. Nachdruck, Vervielfältigung jeder Art oder Verbreitung – auch auszugsweise – nur mit schriftlicher Genehmigung des Verlages.

Besuchen Sie unsere Website: www.klett.ch oder kontaktieren Sie uns per E-Mail: info@klett.ch oder redaktion@klett.ch

Inhalt

Vorwort	4
Einleitung	5
Kinder- und Jugendromane	7
Sachbücher	75
Comics	87
Autorinnen/Autoren	93
Titel	94
Schlagwörter	95

Vorwort

Lesen macht nicht immer Spaß! Lesenlernen ist mit einem langen und schwierigen Prozess verbunden, und das Lesen selbst ist für Kinder mit noch ungefestigter Lesefähigkeit eine große Anstrengung. Dies gilt besonders für leseschwache Kinder und für Fremdsprachige. Erst wenn das richtige Buch zum richtigen Zeitpunkt an die richtige Leserin, den richtigen Leser gelangt, macht Lesen Spaß. Hier setzen die vorliegenden Buchempfehlungen an. Sie erlauben es, leseschwachen, leseungeübten und fremdsprachigen Kindern und Jugendlichen das richtige Buch zu empfehlen und ihnen den Zugang zum Lesen zu erleichtern. Ziel der Publikation ist es, Lesefreude zu wecken und zum freien Lesen zu motivieren. «Lesetipps für Lesespaß» ist als Handreichung für Lehrpersonen, Bibliothekarinnen und Bibliothekare gedacht. Die empfohlenen Bücher richten sich an Kinder und Jugendliche im Alter von 10 bis 16 Jahren.

Der Broschüre liegt eine überregionale Erhebung zugrunde. Lehrpersonen, Bibliotheksfachleute und Bibliotheksbeauftragte wurden nach ihren Bedürfnissen, Erfahrungen und Wünschen befragt; die Ergebnisse sind in die Buchauswahl eingeflossen. Die Publikation beinhaltet rund 140 Titel aus den Bereichen Kinder- und Jugendromane, Sachbücher und Comics.

Unser Dank gilt den Verlagen, die großzügig Rezensionsexemplare zur Verfügung gestellt haben, den Befragten für die Beteiligung an der Erhebung und allen, die bei der Erstellung der Broschüre mitgewirkt haben.

Zürich, im Juli 2003

Irène Moderer
Barbara Bättig

Einleitung

Buchauswahl

Kinder und Jugendliche mit Leseschwierigkeiten und Fremdsprachige sind auf Lektüren angewiesen, die formal einfach sind, aber inhaltlich ihrer Altersgruppe entsprechen – also auf Bücher mit altersadäquaten Themen in einfacher Sprache. Die Buchauswahl stützt sich deshalb auf einen Kriterienkatalog mit formalen und inhaltlichen Vorgaben. Eine weitere Voraussetzung ist die Lieferbarkeit der Bücher.

Zu den formalen Kriterien zählen: große, leicht lesbare Schrift, Flattersatz, geringer Umfang, einfache Syntax, angepasster Wortschatz sowie Illustrationen. Inhaltliche Kriterien sind: spannender und altersgemäßer Inhalt, Identifikationsmöglichkeiten und lineare Erzählweise. Die ausgewählten Bücher berücksichtigen möglichst viele dieser Kriterien. Aufgrund der Erhebung wurden neben Sachbüchern und Comics hauptsächlich Kinder- und Jugendromane aufgenommen. Die ermittelten Erfahrungen und Wünsche von Lehrpersonen, Bibliothekarinnen und Bibliothekaren widerspiegeln sich in der vielfältigen Themenauswahl; diese erlaubt es, Kindern und Jugendlichen mit unterschiedlichen Interessen passendes Lesefutter zu empfehlen.

Bücher sind heutzutage rasch vergriffen. Aus diesem Grund konnten nicht alle gewünschten Themen gleichermaßen berücksichtigt werden. Außerdem sind viele gebundene Bücher nach einiger Zeit nur noch als Taschenbuch erhältlich.

Neben Titeln aus dem gängigen Literaturangebot sind Bücher aufgenommen worden, die unter dem Gesichtspunkt «Deutsch als Fremdsprache» veröffentlicht wurden. Berücksichtigt wurden auch Reihen, die speziell für Leseschwache konzipiert wurden. Eine bearbeitete und vereinfachte Fassung eines Romans kann als Gelegenheit gesehen werden, ein «ganzes Buch» oder einen Klassiker kennen zu lernen.

Bemerkungen

Die Lektüren sind im Unterricht einsetzbar und eignen sich besonders für freie Lesestunden, sie sind aber auch im Werkstattunterricht oder in der Projektarbeit denkbar. Bibliothekarinnen und Bibliothekaren bietet «Lesetipps für Lesespaß» gezielte Anschaffungsvorschläge.

Das angegebene Lesealter dient als Richtlinie, die Bücher können jedoch je nach Lesestand und Leseentwicklung auch über die Altersstufen hinweg eingesetzt werden. Bei Sachbüchern und Comics ist keine Differenzierung der Leseschwierigkeit angegeben, weil nur Bücher ausgewählt wurden, in denen das Textverständnis durch Bilder unterstützt wird. Die Empfehlungen sind als Einzellektüre gedacht, viele Bücher sind jedoch auch als Klassenlektüre einsetzbar. Bibliomedia Schweiz verfügt von jedem Titel über mindestens ein bis zwei Exemplare; einige Titel sind zusätzlich als Klassensatz erhältlich (s. den entsprechenden Vermerk in der Rubrik «Hinweise» im Anschluss an die Inhaltsangabe eines Titels).

Erläuterungen

Zur Rubrik «Hinweise»

Darin wird aufgezeigt, wie der Inhalt eines Buches wirkt, welche Denkanstöße damit verbunden sind und welche Diskussionen er auslösen kann. Die Rubrik enthält Informationen zu sprachlichen und formalen Besonderheiten des Texts sowie Hinweise auf didaktisches Begleitmaterial, auf weitere Materialien oder weitere Reihentitel.

Zu den speziell konzipierten Reihen

In der Lektüre-Reihe «einfach lesen!» des Cornelsen Verlags werden beliebte Kinder- und Jugendbücher so vereinfacht, dass sie auch von leseungeübten Schülern und Schülerinnen bewältigt werden können. Das Textverständnis wird durch kurze Kapitel und Illustrationen unterstützt; Aufgaben am Kapitelende erlauben die Überprüfung des Textverständnisses. Die Texte sind mit Zeilenzählern versehen. Jedem Titel ist ein Lösungsheft beigegeben. Bei der Einzellektüre empfiehlt es sich, dem Kind das Lösen der Aufgaben freizustellen.

Die Lektüre-Reihe «short & easy» des Ravensburger Verlags umfasst Bücher zu den Themen Jugendgewalt, erste Liebe, Ausgrenzung und Ausländerfeindlichkeit. Die Texte sind in einer großen, leicht lesbaren Schrift und im Flattersatz gesetzt, zahlreiche Illustrationen und Vignetten lockern die Texte auf und unterstützen das Textverständnis. Der Satzbau ist einfach, häufige Dialogstücke verleihen den Texten Tempo. Die Textmenge ist überschaubar, das umfangreichste Buch zählt 157 Seiten. Zu den meisten Titeln gibt es Arbeitshilfen, Unterrichtsideen und Kopiervorlagen für Lehrpersonen. Die Begleitmaterialien sind im Buchhandel erhältlich oder können von der Homepage des Verlages heruntergeladen werden: www.ravensburger.de

In der Lektüre-Reihe «Streifzüge» des Verlags Dürr + Kessler finden Jugendliche Inhalte, die sie betreffen und interessieren. Das Handlungsgefüge ist einfach und die Texte sind in kurze Kapitel gegliedert. Flattersatz, viele Illustrationen, einfache Wortwahl und Syntax erleichtern den Zugang zum Text. Die meisten Bücher umfassen ca. 80 Seiten.

Hinweis zur Benutzung der Broschüre und Symbolerklärung

Innerhalb der einzelnen Kapitel sind die Titel zunächst nach Lesealter, dann alphabetisch nach Autor geordnet. Ein Autoren- und Titelverzeichnis am Ende der Broschüre erleichtert das rasche Auffinden einzelner Titel. Ein Schlagwortverzeichnis erlaubt die thematische Erschließung.

ungefähres Lesealter

Die Stufung gibt als Richtlinie das ungefähre Lesealter bzw. die Klassenstufe an. Manche Bücher können auch über die Altersstufen hinweg eingesetzt werden.

| 4 |
| 5/6 |
| 7/8 |
| 9/10 |

leicht zu lesen

– für Kinder und Jugendliche mit Leseschwierigkeiten
– für Fremdsprachige mit beschränkten Deutschkenntnissen
– für Kinder und Jugendliche mit geringer Lesemotivation

gut zu lesen

– für Kinder und Jugendliche mit beschränkter Leseerfahrung
– für Fremdsprachige mit fortgeschrittenen Deutschkenntnissen
– für Kinder und Jugendliche mit mäßiger Lesemotivation

Spezialangebot

Das Spezialangebot umfasst Bücher und Lesehefte mit einem sehr geringen Umfang, einer überdurchschnittlich großen Schrift, kurzen Sinnschrittzeilen, kleinem Wortschatz, einfacher Syntax und vielen Illustrationen oder Fotos. Das Spezialangebot eignet sich für Kinder und Jugendliche mit sehr großen Leseschwierigkeiten sowie für Fremdsprachige, die eben erst begonnen haben, Deutsch zu lernen.

Auer, Martin
Bimbo und sein Vogel
Illustrationen von Simone Klages
Weinheim: Beltz & Gelberg 2000 (Gulliver Taschenbuch)
49 S., brosch., Fr. 8.90, ISBN 3-407-78409-0

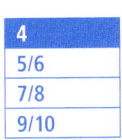

Bimbo wünscht sich nichts sehnlicher als einen Vogel. «Ach du meine Güte», sagt die Mutter. «Na, na, na», sagt der Vater. Mit einem Erpressungsversuch – Bimbo fällt «tot» um – gelingt es ihm, die Eltern zu überreden. Als Bimbo mit einem großen weißen Schwan nach Hause kommt, machen die Eltern nicht mehr mit. Da ziehen Bimbo und sein Schwan in den Wald und erleben allerlei Abenteuer, die in einer spannenden Begegnung mit einem Riesen gipfeln.
Bimbo und sein Vogel halten wunderbar zusammen – ein Buch, das das Selbstvertrauen eines Kindes stärkt.

Hinweise
«Bimbo und sein Vogel» fällt durch seine spontane, witzige und dabei äußerst einfache Sprache auf. Der Text enthält zahlreiche Dialogstücke, Wortwiederholungen und Aufzählungen, die das Lesen vereinfachen. Das ursprüngliche Theaterstück wurde zu einem unterhaltsamen Kinderbuch umgearbeitet, es eignet sich daher bestens für Inszenierungen.

Abenteuer / Humor / Junge / Riese / Schwan

Funke, Cornelia
Das Piratenschwein
Illustrationen von Kerstin Meyer
Hamburg: Dressler 1999
64 S., geb., Fr. 18.–, ISBN 3-7915-0458-4

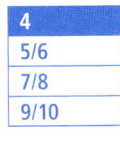

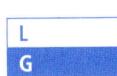

Eines Morgens entdecken der Dicke Sven und sein Schiffsjunge Pit am Strand ein Fass. In dem Fass sitzt ein grunzendes Schwein. Das Schwein ist aber kein gewöhnliches Schwein. Jule weiß nämlich, wie man Schätze findet – Jule ist ein Piratenschwein! So kommen der Dicke Sven und Pit zu Geld und Edelsteinen. Leider bleibt das aber nicht unbemerkt. Und als Jule entführt wird, müssen sich Sven und Pit mit wüsten Piraten anlegen, um ihr Schwein zurückzubekommen.
Eine sehr witzige und turbulente Geschichte, die großen Lesespaß bietet.

Hinweise
Die vielen fantasievollen Bilder erleichtern das Textverständnis.
Zum Buch gibt es eine Hörkassette.

Humor / Schatzsuche / Schwein / Seemann / Seeräuber

Hauenschild, Lydia / Arold, Marliese
Kleine Pferdegeschichten / Kleine Ponygeschichten
Ein Mini-Wendebuch
Illustrationen von Thea Ross und Anne Ebert
München: Ars Edition 2003 (Känguru, Lesespaß)
80 S., geb., Fr. 7.10, ISBN 3-7607-3938-5

Die vielen kurzen Geschichten handeln von turbulenten Reitstunden mit gutem Ausgang, von heimlichen Ausritten, von der Begegnung mit angriffigen Kühen, von dickköpfigen Ponys, denen nur mit Geduld beizukommen ist, und weiteren vergnüglichen Pferde- und Ponygeschichten.
Ein kleines Buch mit einem großen Lesevergnügen für alle Pferde- und Ponyfans.

Hinweise
«Kleine Pferdegeschichten / Kleine Ponygeschichten» enthält zwei Bücher in einem – aber nicht nacheinander, denn das Buch muss nach der Hälfte des Leseprozesses umgedreht werden. Das kleine, handliche Format mit der großen Schrift und den vielen Illustrationen erleichtert den Zugang zum Text und motiviert zum Lesen. Aus der Reihe «Känguru, Lesespaß» liegen weitere Geschichten zu verschiedenen Themen vor.

Humor / Pferd / Pony

Kätterer, Lisbeth
Saskia der Blindenhund
Illustrationen von Cornelia Ziegler
Bern: Blaukreuz-Verlag 1993
64 S., geb., Fr. 18.–, ISBN 3-85580-274-2

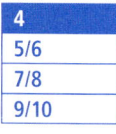

Die Geschichte wird aus der Sicht von Saskia, einem Blindenhund, erzählt. Saskia kommt nach ihrer Ausbildung zu einer neuen Familie. Vater Stefan ist blind, seine Frau Claudia sehbehindert. Anita, die sehende Tochter, spielt besonders gern mit Saskia. Saskia lernt, mit Stefan einkaufen zu gehen und sie begleitet ihn, wenn er seinen im Rollstuhl sitzenden Freund Walter besucht. Gemeinsam komponieren Stefan und Walter ein Lied für Saskia.
Claudia erwartet ihr zweites Kind. Eines Nachts ist es soweit: Die Familie fährt ins Krankenhaus, wo Adrian, Claudias und Stefans zweites Kind, zur Welt kommt.

Saskia muss zu Hause bleiben. Aus lauter Langeweile zerbeißt sie herumliegende Schuhe, aber Stefan ist ihr zum Glück nicht böse.
Eine Geschichte, die Einblick in das Leben in einer sehbehinderten Familie vermittelt.

Hinweise
«Saskia der Blindenhund» ist ein Folgeband von «Saskia, wirst du ein Blindenhund?». Beide Geschichten beruhen auf Tatsachen.
Das Lied, das Stefan und Walter komponieren, ist sowohl in üblicher als auch in Blinden-Notenschrift abgedruckt.

Blindenhund / Blindheit / Familie / Hund

Kolk, Anton van der

Was ist los mit Ramón?

Aus dem Niederländischen von Daniel Löcker; Illustrationen von Juliette de Witt
Wien: Picus 2000
61 S., geb., Fr. 16.50, ISBN 3-85452-845-0

Ramón stammt aus Bolivien und ist neu in Emmas Klasse. Ramón ist am liebsten allein, er spricht nicht mit den anderen Kindern und er fürchtet sich vor Polizisten. Emma und ihre Klassenkameraden verstehen Ramóns selbst gewählte Außenseiterrolle nicht. Doch da erfährt Emma durch Zufall etwas über seine Vergangenheit. Sie versucht, sich mit ihm anzufreunden und sein Vertrauen zu gewinnen. Aber Ramón bleibt abweisend und erklärt ihr, dass es keine Freundschaft gebe. Doch Emma, die es besser weiß, lässt sich nicht entmutigen. Schließlich wird sie eines Tages von Ramón nach Hause eingeladen. Seine Zeichnungen geben zu erkennen, was ihn so sehr bedrückt: Ramón glaubt einen Freund im Stich gelassen und verraten zu haben, als er Bolivien verließ, und er wird von Schuldgefühlen gequält.

Ein sehr berührendes, trauriges und zugleich hoffnungsvolles Buch über Freundschaft und Vertrauen.

Hinweise

Das Buch weckt Verständnis für Kinder aus anderen Kulturkreisen, die sich unvermittelt neuen Verhältnissen anpassen müssen.

Angstbewältigung / Bolivien / Freundschaft / Junge / Obdachlosigkeit

Kromhout, Rindert

Was will der Dieb in unserem Haus?

Aus dem Niederländischen von Daniel und Dorothea Löcker; Illustrationen von Jan Jutte
Wien: Picus 1999
32 S., geb., Fr. 18.30, ISBN 3-85452-828-0

Will und Bill liegen schon im Bett, als sie plötzlich sonderbare Geräusche hören. Da muss jemand im Haus sein! Einbrecher, Diebe! Fieberhaft überlegen die beiden, was sie tun sollen. Was gilt es in Sicherheit zu bringen? Was ist so wertvoll, dass es auf keinen Fall gestohlen werden darf? Doch dann stellen die beiden erstaunt fest, dass Will Bill und Bill Will am liebsten hat. Daher versuchen sie, sich gegenseitig zu verstecken und finden schliesslich ein Versteck, in dem sie beide Platz haben.

Eine vergnügliche Geschichte über Freundschaft und Angstbewältigung.

Hinweise

Die Geschichte weist viele Wortwiederholungen auf und ist daher für fremdsprachige Kinder mit beschränkten Deutschkenntnissen besonders geeignet. Die vielen Illustrationen erleichtern das Textverständnis. Von den weltbesten Freunden Will und Bill liegt unter dem Titel «Was für eine Geschichte!» ein weiteres Abenteuer vor.

Angst / Angstbewältigung / Einbruch / Freundschaft

Loon, Paul van
Wer hat schon Angst vor Vampiren!
Aus dem Niederländischen von Daniel Löcker und Alexander Potyka; Illustrationen von Hugo van Look
Wien: Picus 1996
55 S., geb., Fr. 16.80, ISBN 3-85452-097-2

Riki ärgert sich oft über seinen großen Bruder Tim, der ihn wie ein Baby behandelt und ihm nicht erlaubt, das spannende Buch mit den Vampirgeschichten zu lesen. Tim behauptet, nur große Brüder hätten keine Angst vor Vampiren. Doch da hat er sich getäuscht: «Dem werd' ich's zeigen», denkt Riki und hat auch schon einen Plan. Zusammen mit seinem Freund Max erscheint er eines Nachts als Vampir verkleidet vor Tims Zimmerfenster. Die Reaktion, die der große, sonst so tapfere Bruder an den Tag legt, ist ganz nach Rikis Geschmack – und auch zum begehrten Vampirbuch kommt er nun überraschend schnell!
Eine äußerst vergnügliche Gruselgeschichte.

Hinweise
Auf humorvolle Weise wird aufgezeigt, dass ältere Geschwister nicht immer überlegen zu sein brauchen. Wer noch mehr Lust auf Gruseliges hat und sich sogar zum Vampir ausbilden lassen will, findet mehr in «Die Vampirschule» (s. u.).

Bruder / Freund / Humor / Schauererzählung / Spuk / Vampir

Loon, Paul van
Die Vampirschule
Aus dem Niederländischen von Daniel Löcker; Illustrationen von Hugo van Look
Wien: Picus 1997
48 S., geb., Fr. 16.50, ISBN 3-85452-814-0

Eines Abends ist es soweit: Die Schülerinnen und Schüler der Vampirschule müssen zum ersten Mal jemanden beißen, so hat es Meister Fledermann bestimmt. Max verschläft und wird zur Strafe vom Meister selbst gebissen. Max möchte eigentlich niemanden beißen, aber um den Auftrag kommt er nicht herum.
Nachdem er eine Schaufensterpuppe gebissen hat und von einer alten Frau mit der Handtasche bedroht worden ist, trifft er auf Lilli. Auch Lilli will nicht gebissen werden, sie bietet Max im Gegenteil ihre Freundschaft an. Darauf nimmt die Geschichte eine ganz andere Wendung. Denn Max gelingt es doch noch zu beißen. Nicht ganz unbedeutend ist, wen er da erwischt hat: Es ist niemand anderes als Lillis Lehrerin Frau Streng.

Hinweise
Von Paul van Loon sind weitere Vampirgeschichten erschienen (s. o.).

Freundschaft / Humor / Vampir

Maar, Paul

Eine Woche voller Samstage

Ein Leseprojekt zu dem gleichnamigen Roman von Paul Maar
Bearbeitet von Simone Schlepp-Pellny; Illustrationen von Ulrike Selders
Berlin: Cornelsen 2002 (einfach lesen!)
96 S., brosch., Fr. 14.80, ISBN 3-464-60172-2

Herr Taschenbier ist ein ängstlicher Mensch. Nichts fürchtet er mehr als Leute, die schimpfen und befehlen – bis ihm an einem Samstag ein seltsames Wesen über den Weg läuft. Das Sams hat feuerrote Haare, einen kurzen Rüssel und viele große blaue Punkte im Gesicht. Außerdem ist das Sams rotzfrech und lässt sich von niemandem einschüchtern. Das Sams will bei Herrn Taschenbier bleiben, aber Herrn Taschenbier ist es peinlich, wenn das Sams freche Bemerkungen macht und zurückschimpft. Er versucht das Sams loszuwerden, doch je länger das Sams bei Herrn Taschenbier bleibt, desto besser mag er es. Am Schluss wird aus dem braven und ängstlichen Herrn Taschenbier ein selbstbewusster Mensch, der sich behaupten kann. Eine sehr witzige Geschichte, die ängstliche Kinder stärkt.

Hinweise

«Eine Woche voller Samstage» ist ein Buch aus der Reihe «einfach lesen!» (s. Erläuterungen). Zum Buch sind Hörbücher, eine CD-ROM und ein DVD-Video in ungekürzter Fassung erhältlich.

Fantasie / Humor / Selbstbehauptung / Selbstvertrauen

Meyer-Dietrich, Inge

Christina – Freunde gibt es überall

Illustrationen von Dagmar Henze
Ravensburg: Ravensburger Buchverlag 1997 (Blauer Rabe)
92 S., geb., Fr. 13.50, ISBN 3-473-34089-8

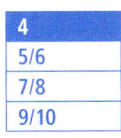

Kenan, ein Roma, stammt aus dem ehemaligen Jugoslawien. Er ist mit seinen Eltern vor dem Krieg und der Armut geflohen. Er ist neu in Christinas Klasse und spricht kein Wort Deutsch. Doch es dauert nicht lange, bis er das Vertrauen der Klasse gewonnen und Freunde gefunden hat. Allen voran interessiert sich Christina für den neuen Schüler. Dann aber kommt ein Brief: Kenans Familie muss wegziehen. Christina ist über den anscheinend willkürlichen Entscheid schockiert. Aber weder die Eltern noch die Lehrerin können ihn umstoßen, und so müssen Christina und die Klasse von Kenan Abschied nehmen. Sie bleiben jedoch in Briefkontakt und schreiben sich Briefe. Eines Tages vernimmt Christina, dass ein Brandanschlag auf Kenans neues Heim verübt worden ist. Zum Glück konnte das Feuer rechtzeitig gelöscht werden. Dass Menschen einander so viel Leid antun können, kann Christina nicht begreifen. Verarbeiten kann sie dieses schreckliche Erlebnis nur im Traum.
Eine sehr einfühlsam erzählte Geschichte über Vorurteile.

Hinweise

Die Geschichte zeigt eindrücklich die Folgen von Vorurteilen. Sie enthält auch Sachinformationen, denn die Lehrerin bemüht sich, der Klasse Kenans Situation und den geschichtlichen Hintergrund dieses Volkes deutlich zu machen. Zum Titel gibt es eine Arbeitshilfe, Unterrichtsideen und Kopiervorlagen für Lehrpersonen; die Materialien können kostenlos über den Buchhandel bezogen oder von der Homepage des Verlages heruntergeladen werden: www.ravensburger.de. Das Buch vermittelt Denkanstöße zu den Themen gegenseitiges Verständnis, Toleranz und Freundschaft.

Anderssein / Freundschaft / multikulturelle Gesellschaft / ehemaliges Jugoslawien / Roma

---

Millman, Dan

Das Geheimnis des friedlichen Kriegers

Eine Geschichte über Liebe und Mut
Aus dem amerikanischen Englisch von Christiane Sautter; Illustrationen von T. Taylor Bruce
Seeon: Falk 2001 (Spirituelle Kinderbücher)
36 S., geb., Fr. 29.50, ISBN 3-924161-59-3

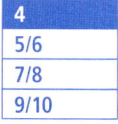

Auf ihrem Schulweg begegnen Danny und Joy dem Schläger Carl Brady. Aus Angst gibt ihm Danny sein Taschengeld, Joy dagegen rennt weg und entkommt ihm. Wieso kann Joy so schnell rennen? Das habe sie von ihrem Großvater Sokrates gelernt, erklärt sie Danny.

So schnell möchte Danny auch rennen können. Er beschließt, Sokrates aufzusuchen.

Joys Großvater macht seinem Namen alle Ehre: Er ist ein alter, philosophisch veranlagter Mann mit einem weiten Horizont. «Der beste Weg, ein Problem loszuwerden, ist, es zu lösen». Das lernt Danny als Erstes bei Sokrates. Um sich dem Problem zu stellen, braucht es Mut. Das Geheimnis des Mutes ist es, mutig zu handeln, auch wenn man sich nicht mutig fühlt. Kraft allein ist jedoch nicht ausschlaggebend, denn «der wahre Krieger ist ein friedlicher Krieger». Dank Sokrates' Philosophie gelingt es Danny und Joy, mit Carl Freundschaft zu schließen. Ein poetisches Buch zum Thema Mut.

Hinweise

Das Buch beschreibt, wie man mit Ängsten konstruktiv umgehen kann und wie Konflikte gewaltfrei gelöst werden können. «Das Geheimnis des friedlichen Kriegers» bietet eine Diskussionsgrundlage zu den Themen Angst und Konfliktbewältigung.

Freundschaft / Gewaltverzicht / Mut / Philosophie

Nahrgang, Frauke

Zwei Mädchen auf heißer Spur

Illustrationen von Iris Hardt
München: Schneider 2002 (Das kunterbunte Nilpferd)
90 S., geb., Fr. 14.–, ISBN 3-505-11718-8

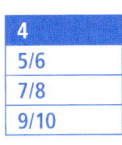

Rebekkas Rad wurde gestohlen; Daniel dagegen fährt ein neues Rad. Die beiden Modelle sind gleich, und das kommt den zwei Detektivinnen Annette und Ela verdächtig vor. Daniel denkt, das Rad gehöre zum Sperrmüll. Aber so ganz glaubt er wohl doch nicht daran und versteckt es. Als er merkt, dass es Rebekka gehört, will er es möglichst schnell loswerden.
Doch dabei hat er nicht mit den zwei fremden Jungen gerechnet, die seine Pläne durchkreuzen. Sie drohen ihm und verlangen Geld.
Dank dem Geschick der Detektivinnen wendet sich alles zum Guten, Rebekka erhält ihr Fahrrad zurück und Annette, Ela aber auch Daniel erhalten eine Belohnung.
Zwei Mädchen beweisen, dass sie kluge Köpfe haben!

Hinweise
Auf der letzten Seite ist ein Fahrrad-Rätsel abgedruckt.

Detektivin / Mädchen / Freundschaft

Osborne, Mary Pope

Im Reich der Mammuts

Aus dem Amerikanischen von Sabine Rahn; Illustrationen von Robert Bayer
Bindlach: Loewe 2001 (Das magische Baumhaus)
89 S., geb., Fr. 11.70, ISBN 3-7855-4005-1

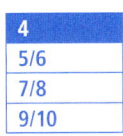

Das Baumhaus von Philipp und Anne ist voller Bücher – und erst noch verzaubert! Mit diesem Baumhaus können die Geschwister zu all den Orten reisen, die sie in den Büchern sehen. In der vorliegenden Geschichte verschlägt es die Kinder in die Eiszeit. Um sie herum ist nichts als Schnee, Eis und karge Felsen. Doch dann entdecken die beiden eine geheimnisvolle Höhle mit seltsamen Zeichnungen an der Wand. Was mögen sie bedeuten? Philipp und Anne folgen der Spur – und befinden sich plötzlich mitten in einem spannenden Abenteuer. Sie begegnen den Urzeittieren Mammut und Säbelzahntiger und lösen ein Rätsel.
Eine abenteuerliche Reise in eine fremde Welt und eine längst vergangene Zeit.

Hinweise
Die Reihe «Das magische Baumhaus» ist mit ihrer großen Schrift und dem Flattersatz besonders lesefreundlich. Geschichten über vergangene oder zukünftige Welten motivieren zum Lesen und zum Lesen von anderen Bänden derselben Reihe.

Abenteuer / Eiszeit / Geschwister / Mammut / Säbelzahntiger

Recheis, Käthe

Kinny-Kinny und der Steinriese

Illustrationen von Franz Hoffmann
Zürich: Nagel & Kimche 1999
80 S., geb., Fr. 17.60, ISBN 3-312-00846-8

4
5/6
7/8
9/10

L
G

Im Land der Indianer gibt es noch viele Ungeheuer. Die gefährlichsten sind die Steinriesen.

In diesem Land lebt Kinny-Kinny, ein kleiner Indianer-Junge. Kinny-Kinny ist anders als andere Jungen. Es interessiert ihn nicht, mit Steinen nach Fröschen zu werfen oder mit Pfeilen auf Vögel zu schießen. Am liebsten sitzt er am Ufer und träumt. Und etwas kann er ganz besonders gut: Er kann flache Steine auf dem Wasser zum Hüpfen bringen.

Eines Tages trifft er einen Steinriesen, der ihn am liebsten sofort verschlingen möchte. Aber Kinny-Kinny hat einen Vorteil: Er ist schlauer. Mutig behauptet er, er sei der bessere Hüpfsteinwerfer. Eine Wette wird abgeschlossen. Gewinnt Kinny-Kinny den Hüpfsteinwettbewerb, so darf ihn der Riese nicht fressen. Ist der Riese der Gewinner, so ist Kinny-Kinny sein Abendmahl. Der Wettkampf wird auf den nächsten Tag verlegt.

«Freunde müssen einander beistehen», sagen die Frösche, die Schildkröten und die Vögel. Sie helfen Kinny-Kinny, den Wettbewerb zu gewinnen. Den Plan, Kinny-Kinny zu fressen, gibt der Riese aber nicht auf. Zum Glück ist Kinny-Kinny flink und entwischt dem Riesen. Dieser wird so zornig, dass er vor Wut bebt, Risse bekommt und schließlich zerbröckelt.

Jetzt ist es an der Zeit, dass Kinny-Kinny den Nutzen der Hüpfsteine seinem Vater beweist. Dieser lässt sich erst überzeugen, als er den mächtigen Steinhaufen sieht, der einst ein Riese war.

Ein fantasievolles Märchen zum Schmunzeln.

Hinweise

Käthe Recheis hat die Geschichte nach einem alten indianischen Märchen für Kinder neu erzählt. Es soll den jungen Leserinnen und Lesern Mut machen, den eigenen Weg zu wählen.

Indianer / Junge / Märchen / Mut / Tiere

Schader, Basil

Hilfe! Help! Aiuto!

Illustrationen von Jürg Obrist
Zürich: Orell Füssli 2001
24 S., brosch., Fr. 8.–, ISBN 3-280-02755-1

4
5/6
7/8
9/10

L
G

In Fis Klasse werden viele Sprachen gesprochen, und Fi kann nicht immer verstehen, was die Kinder sagen. «Hilfe!» ruft die Lehrerin, denn auch sie ist überfordert. Da hat Fi eine tolle Idee: Jedes Kind soll jeweils ein Wort in einem Satz in verschiedenen Sprachen aufsagen. Das klingt dann etwa so: «Luca, gib mir den Apfel Öpfu Molla …!». Auch im Rechnen behält die Klasse diese Methode bei. Jetzt verstehen zwar alle alles, doch im Unterricht kommen sie schrecklich langsam voran. Wieder ruft die Lehrerin um Hilfe. Die Kinder denken sich neue, fantasievolle Vorschläge aus: Jedes Kind singt ein

Begrüßungslied in der eigenen Sprache, jedes Kind sammelt Wörter zu einem bestimmten Thema in der eigenen Sprache – zum Beispiel Hundewörter, wenn es um Haustiere geht –, oder sie gestalten ein multikulturelles Plakat, auf dem ihre Lieblingsspeisen dargestellt sind. Immer wieder kommen die Kinder auf neue Ideen und bringen sie in den Unterricht ein.

Eine fröhliche Kindergeschichte über pfiffige Schülerinnen und Schüler in lustigen Szenen.

Hinweise
«Hilfe! Help! Aiuto!» ist ein Leseheft aus dem Spezialangebot (s. Erläuterungen). Die Geschichte könnte in irgendeiner Klasse spielen. Sie zeigt, wie eine Schulklasse und ihre Lehrerin versuchen, mit der Vielfalt der Sprachen und Dialekte zurechtzukommen. Obwohl die Geschichte für Kinder der 1.-3. Klasse gedacht ist, kann sie angesichts des schulischen Umfelds und der Themen Sprachbewusstsein und Mehrsprachigkeit auch auf höheren Stufen eingesetzt werden. Die witzigen und fantasievollen Bilder erleichtern das Verstehen. Zur Geschichte ist ein didaktisches Begleitheft mit weiterführenden Ideen und Informationen zu Sprachprojekten und zum interkulturellen Unterricht erhältlich.

Beim Orell Füssli Verlag sind weitere, ähnlich konzipierte Lesehefte mit didaktischem Begleitmaterial erschienen.

Humor / Mehrsprachigkeit / multikulturelle Gesellschaft / Schule

Schär, Brigitte

Monsterbesuch

Illustrationen von Jacky Gleich
München: Hanser 1996
48 S., geb., Fr. 24.50, ISBN 3-446-18713-8

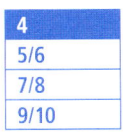

Was tun, wenn zwanzig Monster auf einmal zu Besuch kommen? Monster, die es sich im Wohnzimmer gemütlich machen, einen fürchterlichen Lärm veranstalten und sich damit vergnügen, das Mobiliar zu demolieren? Nur keine Aufregung, und vor allem Ruhe bewahren! Denn seit wann droht man seinen Gästen wegen ein bisschen Lärm und Chaos und zerfetzten Möbeln gleich mit der Polizei? Und wenn man von ein paar Kleinigkeiten absieht, sind die Monster doch auch ganz nett. Das findet jedenfalls das kleine Mädchen, das diese Geschichte erzählt, während der Rest der Familie in Panik aus dem Haus rennt.

Eine unterhaltsame Monstergeschichte für echte Monsterfans.

Hinweise
«Monsterbesuch» zeigt auf, dass es auch in schwierigen Situationen möglich ist, Gelassenheit zu bewahren. Das Buch erhielt den Preis der Stiftung Buchkunst 1996 und den Schnabelsteherpreis 1997.

Familie / mutiges Mädchen / Ungeheuer

Schindler, Nina
Gespenstergeschichten mit Freda
Illustrationen von Bettina Gotzen-Beek
Würzburg: Arena 2002 (Der Bücherbär)
68 S., geb., Fr. 13.50, ISBN 3-401-08349-X

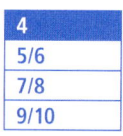

Freda glaubt zwar nicht an Gespenster, aber im Dunkeln ist ihr unheimlich zumute und immer wieder laufen ihr Schauder über den Rücken. «Gespenstergeschichten mit Freda» erzählt beispielsweise, wie Freda mit ihrem Cousin im Keller auf Gespensterjagd geht oder wie sie auf dem Nachhauseweg von einem Gespensterarm gepackt wird. Höhepunkt ist die Gespensterparty bei ihrer besten Freundin Karen. Elf Kinder, oder besser elf «Bettlaken-Gespenster», vergnügen sich.
Vier witzige Geschichten mit Freda.

Hinweise
Der Text ist in einer grossen leserfreundlichen Schrift gesetzt und mit farbigen Illustrationen versehen. Freda begegnet den Leserinnen und Lesern wieder im Band «Pferdegeschichten mit Freda».

Gespenstergeschichte / Humor / Mädchen / Mut

Sklenitzka, Franz Sales
Flossen hoch!
Ein Hase & Igel-Krimi
Illustrationen vom Autor
Wien: Dachs 1998
48 S., geb., Fr. 21.90, ISBN 3-85191-148-2

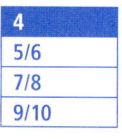

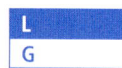

Hase und Igel sind alte Freunde. Stolz erzählt Hase seinem Freund Igel von den neuen grünen Laufschuhen. Bestimmt wird er mit diesen Schuhen den Wettlauf gewinnen. Aber als Hase und Igel zum Haselstrauch kommen, an den Hase die Schuhe aufgehängt hat, sind sie verschwunden. Jammern bringt die Laufschuhe nicht zurück. Mit einem Wort: Hase und Igel müssen Detektiv spielen. Gut, dass Igel eine Lupe dabeihat, denn im Wald müssen viele Tiere unter die Lupe genommen werden: der hinterlistige Fuchs, das gefrässige Wildschwein und die diebische Elster. Aber der Erfolg bleibt aus. Zum Glück hat Freund Igel Grips für zwei, denn sonst hätten die beiden wohl nie herausgefunden, wer der Schuldige ist.
«Flossen Hoch!» ist ein diebisches Lesevergnügen.

Hinweise
Die grosse Schrift und die farbigen Bilder machen das Buch besonders lesefreundlich.

Detektiv / Hase / Humor / Igel / Tiere

Sommerer, Amaryllis

Ein pferdestarkes Mädchen!

Illustrationen von Lucy Keijser
Wien: Picus 1998
59 S., geb., Fr. 16.50, ISBN 3-85452-821-3

Wie die meisten Mädchen ist auch die achtjährige Lea einfach verrückt nach Pferden. Die Liebe zu den Pferden teilt sie mit ihrer besten Freundin Eva. Gemeinsam schmieden die Mädchen Pläne für die Zukunft: Sie träumen von einer großen Pferdepension. Samstag ist der beste Tag der Woche, dann hat Lea nämlich Reitstunde mit dem Hengst Domino. Lea hegt einen großen Wunsch: Sie möchte ein eigenes Pferd, aber nicht irgendeines, sondern Domino! Für die Mutter ist es unmöglich, Lea den Wunsch zu erfüllen, denn ein Pferd kostet eine Unmenge Geld. Allmählich sieht Lea das ein, und schließlich findet sie selbst einen guten Kompromiss. Ein Buch für Pferdefans.

Hinweise
Der Titel «Meine Mama ist verliebt» derselben Autorin ist ebenfalls leicht zu lesen.

Mädchen / Pferd / Reiten / Wunsch

Welsh, Renate

Das Vamperl

Illustriert von Heribert Schulmeyer
München: dtv 2003 (Erstausgabe 1981) (dtv junior)
112 S., brosch., Fr. 9.90, ISBN 3-423-07562-7

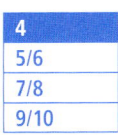

Eines Tages entdeckt Frau Lizzi einen winzig kleinen Vampir in ihrer Wohnung. Zuerst erschrickt sie, aber dann beschließt Frau Lizzi, das Vamperl mit der Flasche aufzuziehen – natürlich mit Milch und nicht mit Blut! Der kleine Vampir wächst heran, und Frau Lizzi gewinnt ihn immer lieber. Das Vamperl entwickelt auch eine besondere Eigenschaft. Wenn nämlich ein Mensch böse oder zornig wird, ist es sofort zur Stelle und saugt dem Menschen das Gift aus der Galle. Das spaßige Buch weckt Lust auf die Folgebände.

Hinweise
Die Folgebände heißen «Vamperl soll nicht alleine bleiben» und «Wiedersehen mit Vamperl». Die drei Titel sind in einem neu aufgelegten Sammelband erschienen. Zu allen drei Bänden sind Hörkassetten erhältlich.

Fledermaus / Humor / Vampir

Wölfel, Ursula
Fliegender Stern

Illustrationen von Heiner Rothfuchs
Stuttgart: Thienemann 1995 (Erstausgabe 1963)
96 S., geb., Fr. 17.40, ISBN 3-522-17064-4; Taschenbuchausgabe ISBN 3-570-26064-X

Fliegender Stern gehört zum Stamm der Schwarzfuß-Indianer. Eines Tages ist es soweit: Fliegender Stern ist alt genug, um reiten, schwimmen und Bogen schießen zu lernen.

Doch es gibt immer weniger Büffel. Ohne Büffel müssen die Indianer hungern, und ohne Büffel fehlt ihnen das Leder für Kleider, Schuhe und Zelte. Fliegender Stern und sein Freund Grasvogel fragen den Medizinmann Wissendes Auge um Rat. Dieser erzählt ihnen, woran es liegt, dass es immer weniger Büffel gibt: Die Büffel werden von weißen Männern gejagt, weil die weißen Männer Angst vor ihnen haben und weil die Büffel die Felder und Gärten zertrampeln.

Grasvogel und Fliegender Stern beschließen, mit den weißen Männern zu reden. Heimlich machen sie sich auf den Weg. Im Gebiet der Weißen treffen sie auf Dr. Christoph, der nicht nur ihre Sprache versteht, sondern sich auch als guter Freund und Helfer erweist. Er gibt den Kindern eine Karte mit, die den Indianern den Weg zu den Büffelherden weist. Damit können sie sich ihr Überleben sichern. Als Grasvogel und Fliegender Stern zurückkehren, wird ein großes Fest veranstaltet, auf dem Fliegender Stern und Grasvogel den «Ich-sah-Tanz» aufführen.

Ursula Wölfel ist es gelungen, eine fremde Kultur und eine vergangene Zeit lebendig werden lassen. Dabei verfällt sie zu keinem Zeitpunkt einer einseitigen Darstellung.

Hinweise

In der Einleitung umreißt die Autorin die historische Situation der Schwarzfuß-Indianer zwischen 1890 und 1900. Die beiden letzten Seiten des Buchs erzählen, was aus Fliegender Stern und Grasvogel wurde.
Zu diesem Titel ist ein Hörbuch erhältlich.

Erwachsenwerden / Freundschaft / Indianer / Mut

Schwab, Käthi / Stricker, Kathrin
Die Zahnspange

Alpha-Geschichten für Kinder; Illustrationen von den Autorinnen
Aarau: sabe Verlag bei Sauerländer 2001
48 S., brosch., Fr. 14.80, ISBN 3-252-09073-2

In der Broschüre werden fünf Kinder und ein Jugendlicher verschiedener Nationalitäten mit ihren Wünschen, Haustieren oder Hobbys vorgestellt. Da ist Maria, die keine Zahnspange braucht, aber so gerne eine hätte. Also bastelt sie sich aus Draht kurzerhand selbst eine Spange. Da sind die Zwillinge Beni und Luis, die von allen verwechselt werden und am liebsten Sport treiben oder der 15-jährige Sebo, der gern Skateboard fährt, dabei manchmal Pech hat und sich verletzt. Zuletzt wird Anna vorgestellt; sie hat eine Katze, die bald Junge bekommt. Ein Lesespaß mit einfach erzählten Geschichten aus dem Kinderalltag.

Hinweise
«Die Zahnspange» ist ein Titel aus dem Spezialangebot (s. Erläuterungen). In den alltäglichen Geschichten erkennen sich Kinder und Jugendliche wieder. Jede Geschichte ist in einer eigenen, gut lesbaren und großen Schrift gesetzt. Zahlreiche Fotos erleichtern den Zugang zum Text.

multikulturelle Gesellschaft / Hobby / Katze / Kind / Ratte / Skateboard

Wyssen, Hans-Peter
Spielend lesen 4
Sieben Lesespur-Abenteuer mit Wegleitung und Kontrollhilfe für das 3.–5. Schuljahr
Illustrationen von Susanne Maeder
Herzogenbuchsee: Ingold Verlag 1995
Serie mit 7 Heften, 18 S. pro Leseheft, brosch., Fr. 25.50, Nr. 20.3095.4

In den sieben Lese-Abenteuern begleiten die Leserinnen und Leser die Figuren von Posten zu Posten. In einer Geschichte jagen sie beispielsweise einen Dieb, der bei einem Bauer Käse gestohlen hat. Um den Dieb zu fangen, müssen sie bestimmte Anweisungen befolgen. Ein Plan hilft zusätzlich, den Fall zu lösen. In einer anderen Geschichte geht es um das ehrwürdige Gespenst von Schloss Adlerfels. Wer mit dem Gespenst Bekanntschaft schließen will, muss sich kreuz und quer durch das ganze Heft lesen. Jedes Heft enthält ein neues Abenteuer mit interaktivem Lesespaß.

Hinweise
In den Heften sind Lesen und Spielen miteinander verknüpft. Aufgrund der Themenzusammenstellung findet sich für jedes Kind etwas Passendes. Außerdem wird Sachwissen, etwa über verschiedene Geschichtsepochen, vermittelt. Die Lesehefte können unabhängig voneinander gelesen werden. Die Texte sind kurz und überblickbar. Ein kleiner Zusatztext führt die Leserinnen und Leser auf die richtige Spur zurück, falls sie sich bei der Lösung des Falls geirrt haben sollten. So wird kurzerhand ein ganzes Leseheft erarbeitet. Die «Lesespuren» eignen sich besonders für den Werkstattunterricht. Über ein Kontrollblatt können sich Lehrpersonen ein Bild über die Arbeitsweise der Schülerinnen und Schüler machen. Weitere, gleich konzipierte «Lesespur-Abenteuer» sind in den Serien «Spielend lesen 2», «Spielend lesen 3» und «Spielend lesen 5» erhältlich. Auch für die 1./2. und 2./3. Klasse sind Lesespur-Mappen erschienen.

Dieb / interaktive Erzählung / Gespenst / Kakaoplantage / Maus / Römerzeit / Seeräuber / Steinzeit

Banscherus, Jürgen

Tore, Tricks und schräge Typen

Illustrationen von Ralf Butschkow
Würzburg: Arena 1999 (Ein Fall für Kwiatkowski)
71 S., geb., Fr. 14.30, ISBN 3-401-04685-3

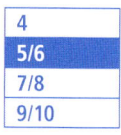

Kwiatkowski ist ein erfolgreicher Detektiv. Er schwärmt für Carpenter's Chewing-Gum, seinen Lieblingskaugummi, den er regelmäßig am Kiosk von Olga bezieht. Bis vor kurzem war für Kwiatkowski Fußball mindestens so langweilig wie ein Spaziergang am Sonntagnachmittag oder ein Bummel im Winterschlussverkauf. Doch das ändert sich. Top-Fußballerin Jana erteilt ihm den Auftrag, den Torhüter Oliver zu beobachten. Wie kommt es, dass Oliver beim Training jeweils umwerfend spielt, bei Turnieren aber jedes Mal versagt? Das riecht nach Erpressung, und Kwiatkowski hat einen dringenden Verdacht. Um diesen zu bestätigen, muss sich der Detektiv selbst das Torwarttrikot anziehen.
Eine humorvolle Krimigeschichte mit originellem Detektiv.

Hinweise

Von Kwiatkowski liegen weitere Bände vor. Die große Schrift und die Illustrationen erleichtern das Lesen. In den Geschichten steckt viel Humor.

Detektiv / Fußball / Humor / Kriminalgeschichte

Betancourt, Jeanne

Abschied von Winston

Aus dem Englischen von Anne Braun; Illustrationen von Milada Krautmann
Würzburg: Ensslin im Arena Verlag 2002 (Das Pony-Trio)
96 S., geb., Fr. 13.50, ISBN 3-401-45123-5

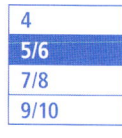

Anna, Belinda und Lucy nennen sich das «Pony-Trio». Mit ihren Shetland-Ponys besuchen sie oft Mrs Wiggins. Mrs Wiggins besitzt selber ein Pony, das sie Winston nennt. Sie zeigt Anna, wie man eine Kutsche lenkt. Anna träumt nämlich davon, mit ihrem Pony Rico am Umzug des jährlichen Winterfestivals teilzunehmen.
Als Mrs Wiggins in den Urlaub fährt, bittet sie die Mädchen nach Winston zu sehen. Winston ist sehr alt, und eines Tages will das Pony nicht mehr aufstehen. Tapfer hält das Pony-Trio beim kranken Tier Nachtwache. Am nächsten Morgen schläft Winston für immer ein. Anna, Belinda und Lucy überlegen sich, wie sie Mrs Wiggins trösten können. Sie beschließen, Rico zum Kutschpferd zu trainieren, am Winterfestival teilzunehmen und Spenden für ein Tierheim zu sammeln. Doch noch ist Rico weit davon entfernt, ein Kutschpferd zu sein. Zum Glück können die Mädchen auf Mr Olson zählen, der ihnen hilft, Rico zu trainieren. Die Überraschung gelingt! Ein Buch für alle, die Pferde lieben.

Hinweise

Aus der Reihe «Das Pony-Trio» liegen weitere Bände vor.

Freundschaft / Mädchen / Pferd

Bieniek, Christian

Karo Karotte und der Club der starken Mädchen

Illustrationen von Irmgard Paule
Würzburg: Arena 2002 (Der Bücherbär, Buntes Leseabenteuer)
96 S., geb., Fr.15.90, ISBN 3-401-07526-8

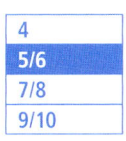

Karo Karotte hat Ärger mit den Jungen in der Schule. Dazu kommt, dass ihre Eltern nur noch den zukünftigen Nachwuchs im Kopf haben und Karo immer öfter vernachlässigen. Zu Karos großem Entsetzen soll es ein Junge werden! Als in der Schule den Mädchen unbemerkt Haarsträhnen und Zöpfe abgeschnitten werden, wird es Karo zu bunt. «Da hilft nur der Club der starken Mädchen», findet Karo. Also macht der Club Jagd auf den Haardieb und ist bald erfolgreich. Sofort schmieden die Freundinnen einen Racheplan und hecken einen Streich aus, in dem die Missetäter ziemlich schlecht abschneiden. Nur schade, dass Jonas, den Karo eigentlich ganz nett findet, wenn er alleine aufkreuzt, auch unter den Haardieben ist! Obwohl die Jungen durch den Streich der Mädchen kräftig eins auf den Deckel bekommen, bleibt Jonas freundlich zu Karo, und schließlich findet sie sich auch mit dem Gedanken ab, bald einen Bruder zu haben. Ein wirklich witziges und vergnügliches Buch, das keine Langeweile zulässt und große Lust auf die weiteren Bände macht.

Hinweise

Ein Buch zu den Themen Selbstfindung und Akzeptanz gegenüber dem anderen Geschlecht.
Trotz einigen umgangssprachlichen Ausdrücken liest sich das Buch gut und die Handlung ist rasant und lustig. Es liegen weitere Bände von «Karo Karotte» vor.

Clique / Familie / Humor / Identitätsfindung / starkes Mädchen

Blacker, Terence

Zauberhafte Miss Wiss

Aus dem Englischen von Anu Stohner; Illustrationen von Tony Ross
Weinheim: Beltz & Gelberg 2000 (Gulliver Taschenbuch)
75 S., brosch., Fr. 8.80, ISBN 3-407-78405-8

Die dritte Klasse der St. Barnabas Schule gilt als Problemklasse. Als die Klasse eine neue Lehrerin bekommt, sind sich die Schülerinnen und Schüler einig: So eine hatten sie bis jetzt noch nie! Sie trägt Jeans und hat schwarz lackierte Fingernägel. Die «zauberhafte Miss Wiss» scheint tatsächlich zaubern zu können, und außerdem tritt sie in Begleitung auf: Sybille, eine Porzellankatze, Archimedes, eine Mathematikeule, und Herbert, eine zahme Ratte, wirken im Unterricht mit.
Genau so zauberhaft wie Miss Wiss ist ihr Unterricht, und die dritte Klasse geht auf einmal ganz begeistert in die Schule.
Die Eltern jedoch halten nichts von Miss Wiss' Unterrichtsmethoden, die anderen Lehrerinnen sind eifersüchtig und der Direktor ist besorgt. Soll er Miss Wiss entlassen, obwohl alle ihre Schülerinnen und

Schüler dieses Jahr auf dem Abschlussfest Preise entgegennehmen werden?
Ein Buch, das von zauberhaften Ereignissen rund um die Schule erzählt und davon, wie eine Klasse den Unterricht in vollen Zügen genießt.

Hinweise
Weitere Miss Wiss-Abenteuer sind in abgeschlossenen Fortsetzungsbänden erschienen.

Hexe / Humor / Lehrerin / Schulklasse

Blanck, Ulf

Spuk in Rocky Beach

Illustrationen von Stefanie Wegner
Stuttgart: Kosmos 2001 (Die drei ???-Kids)
126 S., geb., Fr. 12.80, ISBN 3-440-08907-X

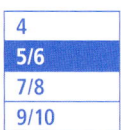

Alles beginnt mit einem Ausgussrohr, aus dem seltsame Geräusche dringen. Als dann noch blutrotes Wasser aus dem Brunnen auf dem Marktplatz strömt und kurz darauf große Kreise und Spiralen auf einem Kornfeld entdeckt werden, steht eines fest: Das ist ein Fall für die drei ???-Kids – ein Fall für die Detektive Justus Jonas, Bob Andrews und Peter Shaw. In Rocky Beach bricht Panik aus: Außerirdische suchen den Kontakt zur Erde! Susan Sanders, die junge Reporterin vom «LA Today», ist bei jedem Ereignis dabei: Noch nie hatte der Sender so hohe Einschaltquoten. Sie sieht, wie blauer Rauch aus dem alten Kino aufsteigt und beobachtet zwei sonderbare Gestalten mit Wünschelruten, die großes Unheil prophezeien. Doch Reste einer Verpackung und ein Loch im Kornfeld lassen die Detektive an der Theorie mit den Außerirdischen zweifeln. Wer steckt hinter den Vorkommnissen, wer profitiert von diesem Tumult?
Allmählich kommen die drei Detektive den Tätern auf die Spur.
Ein von der ersten Seite an spannender Krimi, der dazu animiert, weitere Abenteuer der drei ???-Kids zu lesen.

Hinweise
Das Vokabular ist nicht ganz einfach, aber die spannende Handlung motiviert zum Weiterlesen. Von den drei ???-Kids liegen weitere Bände vor.

Detektiv / Kriminalgeschichte / Spannung

Dale, Jenny

Polizeihund Max und der verschwundene Junge

Aus dem Englischen von Reinhard Schweizer
Ravensburg: Ravensburger Buchverlag 2003 (Ravensburger Taschenbücher)
86 S., brosch., Fr. 9.20, ISBN 3-473-52224-4

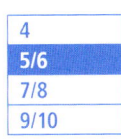

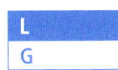

Die Zwillinge Leon und Lisa sind mit ihren Eltern in das kleine Dorf Elandale gezogen. Leon und Lisas Vater arbeitet bei der Polizei, die Mutter ist Krankenschwester. Zur Familie gehört auch Max, der Polizeihund mit der guten Nase.
Schnell schließen die Zwillinge mit Julia, dem Nachbarsmädchen, Freundschaft. Paul dagegen, der auch erst zugezogen ist, verhält sich sonderbar. Wo er wohnt, will er nicht sagen. Und weshalb erscheint er nicht zum Unterricht? Ist Paul vielleicht sogar jener Junge, der in Buxton vermisst wird? Als in der Schule Lebensmittel verschwinden, kommt Max, der Polizeihund, zum Zug! Dank Max' Spürnase wendet sich alles zum Guten.
Ein Buch für alle Hundeliebhaberinnen und -liebhaber.

Hinweise
Wer Hunde mag, findet hier ein besonderes Lesevergnügen.

Freundschaft / Hund / Kriminalgeschichte

Färber, Werner

Elf Kinder – ein Tornado!

Illustrationen von Klaus Puth
München: Ars Edition 1998 (Känguru – Leseabenteuer in Farbe)
106 S., geb., Fr. 15.60, ISBN 3-7607-3763-3; Taschenbuch ISBN 3-596-80369-1

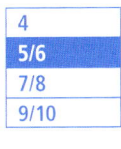

Seit Tonis Vater, von allen Papatoni genannt, Trainer der 4a ist, wird die Mannschaft von einem heftigen Fußballfieber gepackt. Selbst aus dem unsportlichen Klassenlehrer wird plötzlich ein begeisterter Fußballanhänger. Tonis Vater kümmert sich aber nicht nur um die sportlichen Leistungen seiner Mannschaft, sondern auch um die Spieler selbst. Für Sven, der immer auf seine kleine Schwester aufpassen muss und deshalb meist zu spät zum Training kommt, findet er eine Lösung: Die Schwester soll die Mannschaft als Maskottchen begleiten.

Beim Stadtturnier hat die 4a vollen Erfolg, und der Bericht in der Lokalzeitung verhilft Papatoni schließlich zu seinem neuen Job.
Ein Fußballroman voller Spannung und Action, für Mädchen und Jungen, die Fußball mögen.

Hinweise
In der Mannschaft spielen nicht etwa nur Jungen, sondern auch Mädchen – und nicht etwa schlecht!

Freundschaft / Fußball / Schulklasse

Funke, Cornelia

Kleiner Werwolf

Illustrationen von der Autorin
Hamburg: Dressler 2002
96 S., geb., Fr. 16.–, ISBN 3-7915-0463-0; Taschenbuch ISBN 3-596-80289-X

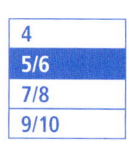

4
5/6
7/8
9/10

L
G

Nach einem Kinoabend mit seiner Freundin Lina wird Motte von einem wolfsähnlichen Tier mit gelben Augen angefallen und gebissen. Der Biss schmerzt kaum und die Wunde blutet auch nicht, doch bald zeigen sich andere verheerende Folgen. Mottes Augen verfärben sich gelb, abends ist seine Stimme rau, sein Gesicht pelzig und sein Geruchs- und Sehsinn sind äusserst scharf. Kein Zweifel, Motte verwandelt sich allmählich in einen Werwolf. Zwar hat das Wolfsein auch seine Vorteile, etwa gegenüber dem Boxerhund des Nachbars, und auch die Stärksten in der Klasse fürchten sich vor Mottes gelben Augen. Andererseits ist Motte auch einigen Gefahren ausgesetzt. Er wird von den Wolfstrieben gelenkt und muss sich zudem vor Herrn Faulwetter, dem Biologielehrer, in Acht nehmen. Dieser interessiert sich nämlich für seinen Fall und folgt Motte auf Schritt und Tritt.

Zum Glück findet Motte bei seiner Freundin Lina und der Klassenlehrerin Frau Puschke Hilfe. Gemeinsam beschaffen sie im Völkermuseum ein Amulett, das gegen den bösen Zauber wirken soll. Aber aufgepasst: Die Vollmondnacht steht vor der Tür…

«Kleiner Werwolf» ist eine spannende Lektüre, eine aufregende Mischung aus Realität und Fantasie.

Hinweise
Zum Buch ist eine Hörkassette erhältlich.

Fantasie / Freundschaft / Humor / Junge / Mädchen / Werwolf

Gilligan, Shannon

Das Gespenst ohne Kopf

Aus dem Amerikanischen von Simone Wiemken; Illustrationen von Stefan Horstmeyer
Ravensburg: Ravensburger Buchverlag 2001 (1000 Gefahren)
60 S., geb., Fr. 13.50, ISBN 3-473-34812-0

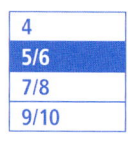

4
5/6
7/8
9/10

L
G

Die Geschichte entführt die Leserinnen und Leser in die Karibik, wo sie – zumindest in der Fantasie – traumhafte Ferien erwarten. Wären da nicht die Warnungen der Einheimischen. Ein Gespenst ohne Kopf wandelt auf einem Friedhof auf der Insel Antigua umher. Nun geht es darum, dem Gespenst gegenüberzutreten und es von seinem Fluch zu befreien. Welche Abenteuer die Lesenden mit dem Gespenst und auf ihrer Zeitreise erleben, hängt davon ab, wie sie den Verlauf der Geschichte beeinflussen. Dies ist nicht so einfach, gibt es doch verschiedene Möglichkeiten! Kein Buch, das man konventionell von der ersten bis zur letzten Seite liest!

Hinweise
In diesem Buch sind die Lesenden die Hauptfiguren. Sie handeln interaktiv und entscheiden selbst, wie die Handlung verläuft und der Schluss ausgeht. Durch die verschiedenen Wahlmöglichkeiten entste-

hen aus einem Buch mehrere Geschichten mit jeweils anderen Ausgängen, die sich die Schülerinnen und Schüler gegenseitig in der Klasse vorlesen können. Bemerkenswert an dieser Reihe ist, dass die Lesenden – ohne Absicht – kein «ganzes Buch» bewältigen müssen.
In der Reihe «1000 Gefahren» sind weitere interaktive, spannende und unterhaltsame Titel erschienen.

Gespenst / interaktive Schauererzählung / Zeitreise

Grün, Max von der

Vorstadtkrokodile

Ein Leseprojekt zu dem gleichnamigen Roman von Max von der Grün
Erarbeitet von Simone Schlepp-Pellny; Illustrationen von Ulrike Selders
Berlin: Cornelsen 2003 (einfach lesen!)
95 S., brosch., Fr. 14.80, ISBN 3-464-60165-X

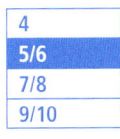

Hannes gehört seit kurzem zu den Krokodilern, einer Jugendbande. Um aufgenommen zu werden, muss man sich einer Mutprobe unterziehen. Hannes musste beispielsweise die Feuerleiter der alten Ziegelei besteigen, was beinahe schief gegangen wäre.
Eines Tages trifft Hannes den im Rollstuhl sitzenden Kurt. Kurt wohnt in der Nachbarschaft, und seinen Augen entgeht nichts. Kurt und Hannes werden Freunde. Hannes' Vorschlag, Kurt bei den Krokodilern aufzunehmen, stößt bei den Mitgliedern nicht auf Anklang.
Als Dortmund in diesem heißen Juni von einer Reihe von Diebstählen heimgesucht wird, beobachtet Kurt die Diebe. Allerdings weiß er nicht genau, wer sie sind. Schließlich erklären sich die Krokodiler doch noch bereit, zusammen mit Kurt den Dieben nachzuspüren. Aber es gibt ein kleines Problem: Unter den Einbrechern befindet sich der Bruder des Bandenmitgliedes Egon.
Ein Buch über Mut und Freundschaft.

Hinweise

«Vorstadtkrokodile» ist ein Buch aus der Reihe «einfach lesen!» (s. Erläuterungen). Zum Buch sind Hörbücher in ungekürzter Fassung erhältlich.

Freundschaft / Jugendbande / Querschnittslähmung / Solidarität

Härtling, Peter

Das war der Hirbel

Wie der Hirbel ins Heim kam, warum er anders ist als andere und ob ihm zu helfen ist.
Illustrationen von Eva Muggenthaler
Weinheim: Beltz & Gelberg, 1998 (Erstausgabe 1973)
75 S., geb., Fr. 16.70, ISBN 3-407-79789-3; Taschenbuchausgabe ISBN 3-407-78218-7

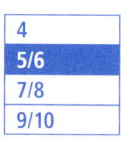

Der Hirbel ist anders als andere, denn bei seiner Geburt ist etwas schief gegangen. Hirbel hat oft Kopfschmerzen, oft ist er krank und manchmal schreit er. Weil Hirbels Mutter ihn weggegeben hat, wohnt er bei Pflegeeltern und in Heimen. Trotzdem kann Hirbel auch lustig sein. Mit den Psychologinnen spielt er Spiele, denn die Tests kennt er schon alle auswendig. Er hat eine wunderbare Stimme und er singt fürs Leben gern. Und immer wieder läuft der Hirbel fort, weil ihn niemand richtig versteht und weil er in ein anderes Land möchte.
Peter Härtling erzählt in diesem berührenden Buch, wie sich ein behindertes Kind trotz allen Schwierigkeiten aufgehoben fühlen kann.

Hinweise

Das Buch enthält ein Nachwort, in dem der Autor Fragen von Kindern zu diesem Buch beantwortet. Die Geschichte ermöglicht Gespräche über Behinderung und Anderssein und gibt Einsicht in die Realitäten eines Kinderheimes. Zum Buch gibt es ein Begleitheft für Lehrpersonen und zwei CDs, auf denen Peter Härtling eindrücklich liest. Dieser Titel ist als Klassensatz bei der Bibliomedia Schweiz erhältlich.

Anderssein / geistige Behinderung / Heimerziehung / Junge

Härtling, Peter

«Ben liebt Anna»

Roman für Kinder
Illustrationen von Eva Muggenthaler
Weinheim: Beltz & Gelberg, 2002 (Erstausgabe 1979)
86 S., geb., Fr. 22.70, ISBN 3-407-79728-1; Taschenbuchausgabe ISBN 3-407-78276-4

Dieses berühmt gewordene Kinderbuch ist die Geschichte einer ersten Liebe. Ben liebt Anna, das Aussiedlermädchen, das neu in die Klasse kommt. Anna wird in der Schule gemieden und wegen ihrer altmodischen Kleider ausgelacht. Ben setzt sich für sie ein. Das Fremde an ihr zieht ihn an, er entwickelt starke Gefühle für sie, hat aber Angst, sie vor der Klasse zu zeigen. Auch Anna verliebt sich in Ben. Doch im Gegensatz zu Ben zeigt Anna ihre Gefühle, auch vor den anderen, und bringt Ben dadurch in Verlegenheit. Ben durchlebt alle Höhen und Tiefen der ersten Liebe – Freude, Enttäuschung, Eifersucht und Streit mit den Freunden. Eltern und Lehrpersonen verhalten sich verständnisvoll. Am Ende der Geschichte zieht Anna weg, da ihr Vater an einem anderen Ort Arbeit findet.
Eine wunderschöne, leise Liebesgeschichte aus der Sicht von Ben erzählt.

Hinweise

Auch Kinder lieben – und nicht nur innerhalb der Familie. «Ben liebt Anna» gilt inzwischen als Klassiker und kann auch von Jugendlichen und Erwachsenen mit Gewinn gelesen werden. Zu diesem Titel sind Hörbücher, eine Literatur-Kartei und Unterrichtsvorschläge für die 3.-6. Klasse erschienen. «Ben liebt Anna» ist als Klassensatz bei der Bibliomedia Schweiz erhältlich.

Anderssein / Aussiedler / Liebesgeschichte / Mädchen / Polen

Kästner, Erich

Das doppelte Lottchen

Bearbeitet von Iris Felter; Illustrationen von Naja Abelsen
Stuttgart: Klett International 2000 (Easy Readers)
72 S., brosch., Fr. 13.40, ISBN 3-12-675680-8

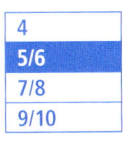

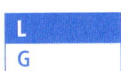

Erich Kästners Kinderbücher sind weltberühmt, viele wurden verfilmt. Eines davon, der Kinderklassiker «Das doppelte Lottchen», liegt jetzt in einer vereinfachten Fassung vor. Die Geschichte von den getrennt aufwachsenden Zwillingen, die sich zufällig treffen und mit List und Entschlossenheit ihre Eltern wieder zusammenbringen, hat nichts von ihrem Reiz verloren. Erich Kästner erzählt mit viel Humor ein modernes Märchen.

Hinweise

Diese bearbeitete und gekürzte Fassung ist in übersichtliche Kapitel gegliedert und mit Zeilenzählern versehen. Zahlreiche Wörter werden erklärt. Fragen zum Text erlauben die Überprüfung des Textverständnisses. Die Ausgabe enthält zudem vier kurze Sprachübungen. Die vorliegende Fassung eignet sich als Lektüre für fremdsprachige Kinder mit beschränkten Deutschkenntnissen. Zum Buch sind Videos, DVD-Videos und Hörkassetten in ungekürzter Fassung erhältlich.

Ehescheidung / Freundschaft / Humor / Mädchen / Zwilling

Kästner, Erich

Emil und die Detektive

Ein Leseprojekt zu dem gleichnamigen Roman von Erich Kästner
Erarbeitet von Michaela Greisbach; Illustrationen von Kirsten Ehls
Berlin: Cornelsen 2001 (einfach lesen!)
96 S., brosch., Fr. 14.80, ISBN 3-464-60166-8

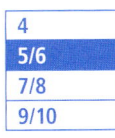

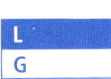

Das erste Buch des berühmten Autors – und zugleich der erste Kinderkrimi überhaupt – zählt zu den weltweit bekanntesten und beliebtesten Kinderbuchklassikern. Die Geschichte erzählt von Emil, der zum ersten Mal allein nach Berlin fahren darf, um seine Großmutter zu besuchen. Als er im Zug einschläft, wird ihm sein ganzes Geld gestohlen. Nur einer kann der Dieb sein: der Herr mit dem «steifen Hut» im selben Zugabteil. Emil nimmt die Spur des Diebes auf, doch wie soll er ihn allein zur Strecke bringen? Zum Glück begegnet Emil Gustav mit der Lampe und dessen Freunden, und eine turbulente Verfolgungs-

jagd quer durch die große fremde Stadt beginnt. Zum Schluss gelingt es Emil und «seinen Detektiven», den Dieb dingfest zu machen.
Ein echter Lesespaß für alle Krimifans. Für Tempo und Spannung ist gesorgt!

Hinweise
«Emil und die Detektive» ist ein Buch aus der Reihe «einfach lesen!» (s. Erläuterungen). In diesem Buch steht die Welt der Kinder im Mittelpunkt, sie agieren selbstständig und die Erwachsenen treten nur am Rande in Erscheinung. Die Freundschaft zwischen den Kindern und die spontane Hilfsbereitschaft sind hochgehaltene Werte. Zum Buch sind Video, DVD-Video und Hörbücher in ungekürzter Fassung erhältlich.

Abenteuer / Detektiv / Freundschaft / Hilfsbereitschaft

Lindgren, Astrid
Ronja Räubertochter
Ein Leseprojekt zu dem gleichnamigen Roman von Astrid Lindgren
Erarbeitet von Michaela Greisbach; Illustrationen von Carsten Märtin
Berlin: Cornelsen 2003 (einfach lesen!)
95 S., brosch., Fr. 14.80, ISBN 3-464-60171-4

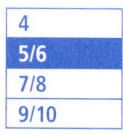

In der Nacht, als Ronja geboren wird, wütet ein furchtbares Gewitter über dem Mattisberg. Ein Blitz spaltet den Berg und die uralte Burg entzwei. Aber das kümmert Mattis, den mächtigen Räuberhauptmann herzlich wenig, denn er hat ja eine Tochter bekommen, das prächtigste Kind, das je in einer Räuberburg geboren wurde. Jetzt ist das Fortbestehen der Mattissippe gesichert – im Gegensatz zur Borkasippe, die jenseits der Räuberschlucht ihr Unwesen treibt und die mit der Mattissippe verfeindet ist. Aber da irrt Mattis. Denn in derselben Nacht wird Birk geboren, der Sohn von Borka, Mattis' Erzfeind. Noch bevor Birk und Ronja den Hass zwischen den Familien weiterführen können, freunden sie sich miteinander an. Doch dann nimmt Mattis Birk gefangen. Ronja schafft es, Mattis so unter Druck zu setzen, dass er Birk freilässt. Um die Streithähne Mattis und Borka zur Vernunft zu bringen, beschließt Ronja, von zu Hause auszuziehen. Mit Birk zusammen verbringt sie eine lange, glückliche Zeit im Wald – eine lange, schlimme Zeit für Mattis auf der Burg –, aber dann versöhnt sich Ronja mit ihrem Vater.
Eines der schönsten Bücher von Astrid Lindgren, voller Weisheit, Poesie und Humor.

Hinweise
«Ronja Räubertochter» ist ein Buch aus der Reihe «einfach lesen!» (s. Erläuterungen). Das Buch bietet Identifikationsmöglichkeiten mit einer klugen und mutigen Mädchenfigur. Es thematisiert die Liebe und die Gewalt, sowohl im menschlichen Zusammenleben als auch in der Natur, und es thematisiert das Erwachsenwerden, das in diesem Buch mit einem charakterlichen Reifeprozess einhergeht. Zum Titel sind Hörbücher, CD-ROM, Video und DVD-Video in ungekürzter Fassung erhältlich.

Erwachsenwerden / Freundschaft / Humor / mutiges Mädchen / Räuber

Mai, Manfred

Wir werden Meister

Illustrationen von Silke Brix-Henker
Bindlach: Loewe 1998 (Lesekönig)
91 S., geb., Fr. 13.50, ISBN 3-7855-2636-9; Taschenbuch ISBN 3-401-02257-1

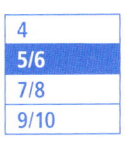

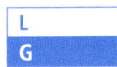

Der FC Winterhausen glaubt nicht mehr an einen Sieg, und einige Mitglieder wären zudem ganz froh, wenn sie einen neuen Trainer bekämen. Wer hätte gedacht, dass gerade die beiden neuen Mitschülerinnen, die Zwillinge Larissa und Vanessa, der Mannschaft aus der Patsche helfen? Ihr Vater, ein Sportlehrer, erklärt sich bereit, die Mannschaft zu trainieren. Einige Jungen stellen sich gegen die Mädchen. «Mädchen können doch überhaupt nicht Fußball spielen», sagt Kai. Rücksichtslos foult er Anne. Als er Vanessa und Larissa in eine Hütte lockt und sie dort einsperrt, geht er eindeutig zu weit. Er wird aus der Mannschaft ausgeschlossen. «Fußball macht Spaß», finden Larissa und Vanessa, und das beweisen die Mädchen mit ihrem Spiel. Mit dem FC Winterhausen geht es schließlich bergauf, ja die Mannschaft gewinnt sogar die Meisterschaft gegen den FV Relingen.
«Wir werden Meister!» handelt von starken Fußballern und Fußballerinnen.

Hinweise
Von Manfred Mai liegen weitere Fußballgeschichten vor.

Fairness / Fußball / starkes Mädchen

Meissner-Johannknecht, Doris

Cool am Pool

Hamburg: Ellermann 2001
128 S., geb., Fr. 18.50, ISBN 3-7707-3139-5

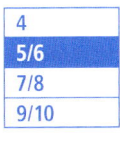

Eines Tages überrascht Papa die Familie mit Urlaubsplänen. Geplant ist eine Reise in ein Feriendorf in der Toskana. Hier gibt es einen Pool, eine Poolbar und natürlich das Meer, und am Meer kann man Kanus mieten.
Allerdings ärgert sich Benno schon am ersten Tag über seine große Schwester Janna. Kaum am Pool angekommen, ist sie von Jungen umringt, die ihr alle den Rücken eincremen wollen. Dabei hat sie doch versprochen, mit Benno Kanu zu fahren.
Zum Glück lernt Benno Tristan kennen. Tristan bringt ihm das Billardspiel bei. Und Benno hat gleich zweifaches Glück: Tristan hat nämlich eine Schwester, die gleich alt und genau gleich groß ist wie Benno, und außerdem ist sie wunderschön! Die Schwester heißt Brenda, und wenn Benno Brenda sieht, muss er immer an Eva-Lotta denken, die Freundin von Kalle Blomquist.
«Es war cool am Pool» – so lautet das Urteil der Familie nach ihrem 9-tägigen Urlaub in der Toskana.
Eine humorvolle Familiengeschichte, aus der Perspektive von Benno erzählt und witzig geschrieben.

Hinweise
«Cool am Pool» ist nach «Die Fährte des Bären» das zweite Buch über Benno und seine Familie. Das Buch kann unabhängig vom ersten gelesen werden.

Familie / Freundschaft / Humor / Urlaub

O'Dell, Scott
Die Insel der blauen Delfine
Ein Leseprojekt zu dem gleichnamigen Roman von Scott O'Dell
Erarbeitet von Dorit Kock-Engelking und Jochen Lewin; Illustrationen von Silke Engel
Berlin: Cornelsen 2003 (einfach lesen!)
96 S., brosch., Fr. 14.80, ISBN 3-464-60170-6

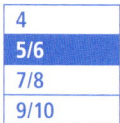

Das Indianermädchen Won-a-pa-lei lebt mit seinem Stamm auf der Insel der blauen Delfine. Eines Tages legt ein Schiff mit weißen Männern an. Der Kapitän will mit seiner Mannschaft Otter jagen. Als die Fremden sich weigern, für die Otterfelle den verabredeten Betrag zu bezahlen, bricht ein Streit aus. Viele Stammesmitglieder kommen um, auch der Vater von Won-a-pa-lei. Die Überlebenden beschließen, auf eine andere Insel zu ziehen. Nur das Mädchen und sein Bruder bleiben auf der Insel der blauen Delfine zurück. Der Bruder wird von wilden Hunden getötet, und Won-a-pa-lei ist nun ganz auf sich gestellt. Im Kampf um das tägliche Überleben wird sie immer mehr Teil der Natur und schließt Freundschaft mit den Tieren. Es vergehen lange Jahre abenteuerlichen Lebens, bevor Won-a-pa-lei wieder menschliche Worte vernimmt.
Die Geschichte des Indianermädchens, das allein auf einer einsamen Insel im Pazifik lebt, geht auf ein reales Geschehen in der Mitte des vorigen Jahrhunderts zurück. Eine weibliche Robinsonade!

Hinweise
«Die Insel der blauen Delfine» ist ein Buch aus der Reihe «einfach lesen!» (s. Erläuterungen).
Zum Buch sind eine CD und eine Hörkassette in ungekürzter Fassung erhältlich.

Abenteuer / Insel / Mädchen / Robinsonade / Überleben

Press, Hans Jürgen
Die Abenteuer der «schwarzen Hand»
Rätselhafte Detektivgeschichten zum Mitraten
Illustrationen vom Autor
Ravensburg: Ravensburger Buchverlag 2003
128 S., geb., Fr. 17.80, ISBN 3-473-37328-1; Taschenbuchausgabe ISBN 3-473-52028-4

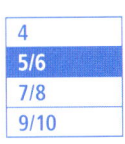

Sie treffen sich regelmäßig nach der Schule im Haus an der Kanalstraße 49. Felix, der Chef mit der Trompete, Adele, das schlaue Mädchen, Rollo mit seinem Ringelpulli, Kiki m. E. und sein Begleiter, das Eichhörnchen (m. E. heißt «mit Eichhörnchen»). Das sind die fünf Meisterdetektive von der «schwarzen Hand». Sie verfolgen die Spuren von Gaunern und Räubern. Bei ihrer abenteuerlichen Jagd auf Verbrecher können die Leserinnen und Leser mitmachen. Zum Lösen der Fälle müssen auf den Bildern wichtige Hinweise gesucht werden. Spannende Krimigeschichten mit vielen Suchbildern.

Hinweise
Dieser interaktive Krimi entspricht heutigen Lesegewohnheiten (Computer/Internet). Ein weiteres interaktives Krimibuch desselben Autors ist unter dem Titel «Die heiße Spur» erschienen. Dieses beinhaltet Ratekrimis, Rätselgeschichten und Suchbilder.

Denkspiel / Detektiv / interaktive Kriminalgeschichte

Roholte, Dorte
Micki – das beste Pony der Welt
Aus dem Dänischen von Catrin Frischer; Illustrationen von Dagmar Henze
Hamburg: Klopp 2002
136 S., geb., Fr. 15.80, ISBN 3-7817-1792-5

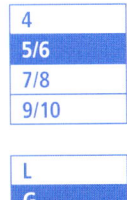

Marlene hat seit Jahren nichts als Pferde im Kopf. Als sie dann zum Geburtstag tatsächlich ein Pony bekommt, ist sie überglücklich. Dass das Pferd mit der weißen Mähne zu Beginn noch kräftig lahmt, ist Marlene völlig egal: Micki gehört ihr! Natürlich macht ein eigenes Pferd viel Arbeit: füttern, striegeln, ausmisten … Marlene lernt, Verantwortung für das Pony zu übernehmen. Bald schon sind die beiden ein richtig gutes Team. Klar, dass Marlene darüber fast alles andere vergisst! Ihre beste Freundin findet Pferde zwar blöd, und sie behauptet, dass Pferde stinken. Doch am Ende vertragen sich die Freundinnen wieder und Marlene verliebt sich sogar noch in Jonas – und trotzdem ist und bleibt Micki für Marlene das beste Pony der Welt!
Ein Buch für echte Pferdenärrinnen!

Hinweise
Trotz des Umfangs ein gut zu lesendes Buch, in dem sich Pferdefans wieder finden. Außerdem enthält es einige Sachinformationen über die Pflege und Haltung von Pferden.

Freundschaft / Mädchen / Pferd

Schubert, Ulli

Tore, Träume, Schokoküsse

Illustrationen von Anette Bley
Bindlach: Loewe 2003 (Lesekönig)
90 S., geb., Fr. 12.40, ISBN 3-7855-4614-9

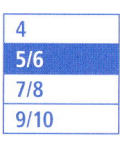

Kevin spielt fürs Leben gern Tischfußball. Er freut sich auf das Kickerturnier, das bald im Jugendzentrum stattfinden soll. Leider haben sich zum Turnier auch Mädchen angemeldet. Kevin findet, dass Mädchen vom Tischfußball etwa so viel Ahnung haben wie ein Regenwurm von Verkehrserziehung. Beim Turnier legt sich Kevin mächtig ins Zeug. Da fordert ihn Bianca zum Gegenspiel auf. Kevin findet Bianca sogar nett – besonders wenn sie lächelt – und plötzlich träumt er nicht mehr nur von Toren! Bei einem Discoabend entdeckt Kevin das Tanzen, zusammen mit Bianca!

Eine lustig erzählte Geschichte über rollentypisches Verhalten von Mädchen und Jungen und über das Verliebtsein.

Hinweise

Ein Buch zum Thema Selbstfindung und Akzeptanz gegenüber dem anderen Geschlecht. Die Erzählung ist aus der Sicht von Kevin erzählt, so dass sie besonders Jungen Identifikationsmöglichkeiten bietet. Der Text ist durch zahlreiche Dialogstücke gekennzeichnet und reich bebildert. Die Reihe «Lesekönig» bietet weitere, gut lesbare, lustige und spannende Geschichten an.

Humor / Identitätsfindung / Junge / Mädchen / Tischfußball / Verlieben

Timm, Uwe

Rennschwein Rudi Rüssel

Ein Leseprojekt zu dem gleichnamigen Roman von Uwe Timm
Erarbeitet von Dorit Kock-Engelking und Jochen Lewin; Illustrationen von Ulrike Selders
Berlin: Cornelsen 2001 (einfach lesen!)
96 S., brosch., Fr. 14.80, ISBN 3-464-60163-3

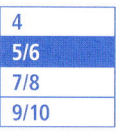

Zuppi möchte das niedliche Ferkel unbedingt behalten, das sie beim Dorffest der Feuerwehr gewonnen hat. Und da sie meistens bekommt, was sie sich wünscht, lässt sich der Vater schließlich erweichen. Doch was fängt man in einer Stadtwohnung mit einem Schwein an? Zumal Herr Buselmeier, der Hausbesitzer, den seltsamen Mitbewohner bald entdeckt. Da erweist es sich als Glück, dass Rudi Rüssel

zu einem Rennschwein heranwächst.
Ein Lesespaß für die ganze Familie – mit und ohne Haustier.

Hinweise

«Rennschwein Rudi Rüssel» ist ein Buch der Reihe «einfach lesen» (s. Erläuterungen). Zum Titel sind Hörbücher und ein Video in ungekürzter Fassung erhältlich.

Familie / Humor / Schwein

Bertagna, Julie

Dibs und der Delfin

Aus dem amerikanischen Englisch von Bettina Münch; Illustrationen von Heike Vogel
München: dtv 2002 (dtv junior)
80 S., brosch., Fr. 10.80, ISBN 3-423-70708-9

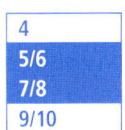

Amy ist felsenfest davon überzeugt, dass ihr Bruder Dibs auf eine ganz besondere Weise klug ist. Dibs kann zwar nicht sprechen, und er lässt sich von niemandem berühren, doch er verfügt über einige erstaunliche Fähigkeiten. Dibs kann zeichnen – am liebsten etwas, das mit dem Meer zu tun hat. Dibs ist auch ein ausgezeichneter Schwimmer, und er kann fast jedes Geräusch nachahmen. Wenn er wie eine Polizeisirene heult, versetzt er die ganze Familie in Alarmbereitschaft. Auf einem Spaziergang am Strand entdeckt Dibs einen gestrandeten Delfin. Mit Hilfe von Kalet, einem Meeresbiologen, wird Tränchen – so taufen sie den Delfin – zur Beobachtung ins Ozeanische Institut gebracht. Kalet möchte Tränchens Stimme auf Tonband aufnehmen, um die Schallwellen ins Meer zu senden und Tränchens Mutter ausfindig zu machen. Doch Tränchen gibt keinen Laut von sich und er kann daher noch nicht freigelassen werden.

In «Dibs und der Delfin» wird erzählt, wie ein Junge und ein Delfin Freundschaft schließen. Dibs und Tränchen entwickeln eine ganz eigene und besondere Art der Kommunikation – und beide lernen voneinander. Als Tränchen ins Meer entlassen werden kann, wartet Dibs mit einer Überraschung auf, die niemand für möglich gehalten hätte ...

Hinweise

«Dibs und der Delfin» ist ein Buch für Kinder und Erwachsene.

Bruder / Delfin / Familie / Junge / Mutismus

Clements, Andrew

Die Jacke

Aus dem amerikanischen Englisch von Michael Krieger
Wien: Ueberreuter 2003
90 S., brosch., Fr. 16.70, ISBN 3-8000-2064-5

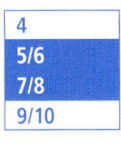

Eines Morgens stellt Phil fest, dass Daniel, ein farbiger Junge, die Jacke von Phils Bruder trägt. Bestimmt hat Daniel sie geklaut! Aber Phil irrt sich.

Daniel ist gekränkt, und Phil ist die Angelegenheit peinlich. Phil beginnt nachzudenken: Was wäre passiert, wenn Daniel kein farbiger, sondern ein weißer Junge gewesen wäre? Hätte er ihn dann auch so leichtfertig beschuldigt? Weshalb wohnen keine schwarzen Familien in der Nachbarschaft? Wie kommt es, dass Phil noch nie einen schwarzen Freund hatte? Weshalb sitzen in seinem Schulbus nur weiße Kinder? Dafür gibt es keine vernünftigen Gründe. Aber nicht nur Phil hat Vorurteile, er spürt sie genauso bei seiner Mutter und seinem Vater. Warum muss die Putzfrau den Vater mit «Mr Morelli» ansprechen, obwohl sie doch die Mutter und die Geschwister beim Vornamen nennt?

Phil nimmt seinen ganzen Mut zusammen und sucht Daniel zu Hause auf, um ihm die Jacke zurückzubringen. Erstaunt stellt Phil fest: Hier sieht es fast genau so aus wie bei ihm zu Hause.
Eine einfühlsame Erzählung, die die Frage aufwirft, wie stark uns Vorurteile im Alltag beeinflussen.

Hinweise
«Die Jacke» thematisiert die Rassendiskriminierung und das Phänomen vorgefasster Meinungen ganz allgemein. Das Buch regt dazu an, über weitere Vorurteile nachzudenken.
Um Phils Bewusstseinsprozess zu verdeutlichen, sind seine Gedanken kursiv gesetzt.

Afroamerikaner / Freundschaft / USA / Vorurteile

Dæhli, Liz Bente L.

Was heißt hier Feigling!

Aus dem Norwegischen von Gabriele Haefs
München: Omnibus bei Bertelsmann 1997
86 S., brosch., Fr. 9.80, ISBN 3-570-20239-9

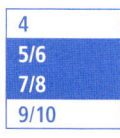

Am liebsten wäre Katrin jeden Mittwoch krank, denn am Mittwoch ist Sportstunde. Und von allen schrecklichen Turnübungen ist Bockspringen die schrecklichste. Vor lauter Angst schafft Katrin den Sprung nie. Für die anderen ist sie ein Feigling, aber selbst ihrer besten Freundin erzählt sie nichts von ihrer Angst. Als Katrin durch Zufall erfährt, dass sich auch Trond vor dem Sportunterricht fürchtet, kommt ihr alles gar nicht mehr so schlimm vor. Endlich hat sie jemanden gefunden, dem sie sich anvertrauen kann und der sie versteht. Die beiden üben jetzt gemeinsam für die Sportstunde. Und sogar ihre beste Freundin, die sie für so stark gehalten hat, fürchtet sich vor etwas, nämlich vor dem Dunkeln. Katrin erkennt, dass jeder seine kleine oder große Angst hat und dass Angst haben gleich weniger schlimm ist, wenn man mit jemandem darüber reden kann.
Eine realistische Erzählung über Gefühle, Sorgen und Nöte von Jugendlichen.

Hinweise
Die Geschichte zeigt, dass auch der Stärkste Schwächen hat und schildert eine konkrete Lösungsmöglichkeit für den Konflikt. Jugendlichen bietet das Buch durch gute Identifikationsmöglichkeiten Anleitung zur Angstbewältigung.

Angstbewältigung / Freundschaft / Sportunterricht / Schule

Defoe, Daniel
Das Leben und die seltsamen Abenteuer des Robinson Crusoe
Ein Leseprojekt zu dem gleichnamigen Roman von Daniel Defoe
Erarbeitet von Kirsten Grossmann; Illustrationen von Carsten Märtin
Berlin: Cornelsen 2002 (einfach lesen!)
95 S., brosch., Fr. 14.80, ISBN 3-464-60168-4

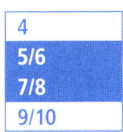

Daniel Defoes Klassiker erzählt die Geschichte des jungen Robinson Crusoe, der von fernen Ländern träumt und den es bei einem Schiffbruch als einzigen Überlebenden auf eine einsame Insel verschlägt. Dort kämpft er ums Überleben, gegen Unwetter und Kannibalen und gegen die Einsamkeit. Er lernt, sich eine Behausung zu errichten, Getreide anzubauen, zu jagen und Kleidung, Werkzeuge und Waffen herzustellen. Eines Tages rettet er einen Fremden vor den Kannibalen. Mit Freitag, so nennt ihn Robinson, gewinnt er einen Freund. Nach vielen abenteuerlichen Jahren – Robinson ist bereits ein erwachsener Mann – wird er schließlich von einem englischen Schiff gerettet und kehrt nach England zurück.
Eine sehr spannende und abenteuerliche Erzählung und ein Lesegenuss!

Hinweise
«Robinson Crusoe» ist ein Buch aus der Reihe «einfach lesen!» (s. Erläuterungen). Daniel Defoes Geschichte greift den Menschheitstraum vom Leben und Überleben auf einer einsamen Insel auf. Die Geschichte verweist sowohl in der Auffassung, dass sich selbst widrigste Umstände durch Vernunft und Beharrlichkeit überwinden lassen, als auch in der Darstellung der Überlegenheit des weißen Mannes gegenüber «Kannibalen» auf ihre Wurzeln im 18. Jahrhundert. Der Menschheitstraum hat jedoch nichts von seiner Anziehungskraft eingebüßt, und Leserinnen und Lesern werden neben den Abenteuern auch Sachinformationen vermittelt. Zum Titel sind Hörbücher und eine CD-ROM in ungekürzter Fassung erhältlich.

Abenteuer / Freundschaft / Insel / mutiger Junge / Selbstvertrauen

Kersten, Detlef
Kommissar Kniepel
62 knifflige Fälle zum Selberlösen
Illustrationen vom Autor
München: Ars Edition 2003 (Känguru, Leseabenteuer in Farbe)
140 S., geb., Fr. 15.20, ISBN 3-7607-3960-1

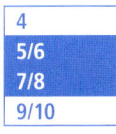

Kommissar Kniepel löst selbst die kniffligsten Fälle in kürzester Zeit. Gleichgültig, ob es darum geht, auf einer Bahnfahrt einen Schmuggler zu entlarven oder den vermeintlichen Dieb einer kostbaren Ming-Vase vom Verdacht zu befreien. Allerdings muss Kommissar Kniepel sehr genau beobachten, zuhören und kombinieren, um einen Täter überführen zu können. Aber Kommissar Kniepel hat auch tatkräftige Helfer! Bei jedem der 62 Fälle können kleine und große Detektive ihren kriminalistischen Spürsinn unter Beweis stellen. Dabei werden sie durch Farbillustrationen unterstützt,

die Hinweise zur Lösung geben.
Ein vergnüglicher Krimi- und Lesespaß für die ganze Familie.

Hinweise
Die Fälle, die sich nicht nach einem einheitlichen Schema bearbeiten lassen, sind thematisch kunterbunt gemischt. Jede Doppelseite enthält einen neuen Fall. Die Texte sind übersichtlich gestaltet, fordern die Neugier der Leserinnen und Leser heraus und bieten Stoff zum Rätseln. Die Fälle lassen sich nicht nur mit Hilfe der Bilder lösen, auch aufmerksames Lesen und eine Portion «Scharfsinn» sind gefragt. Die Lösungen finden sich am Ende des Buches. Die Kurz-Krimis können unabhängig voneinander gelesen werden. Für Krimifans liegt unter dem Titel «Für alle Fälle, Kommissar Kniepel» ein weiterer Band vor.

interaktive Kriminalgeschichte / Rätsel

Price, Susan

Der haarige Bill

Aus dem Englischen von Monika Osberghaus; Illustrationen von Heribert Schulmeyer
München: dtv 2003 (Reihe Hanser, Geisterstunde)
78 S., brosch., Fr. 9.–, ISBN 3-423-62131-1

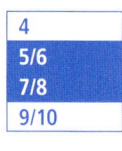

Alex war von Anfang an gegen einen Kamin in seinem Zimmer. Daran erinnert er sich, als er eines Nachts ein seltsames Kratzen und Husten aus dem Kaminschacht vernimmt. Am nächsten Morgen stellt er mit Schrecken fest, dass er nicht bloß geträumt hat. Der haarige Bill ist höchst lebendig – und mit seinem Reinlichkeitsfanatismus ein regelrechter Alptraum. Der haarige Kobold möchte der Familie zwar dienen, doch schon bald wünschen sich alle, dass sie dem schottischen Geist mit seinem Putzfimmel nie begegnet wären. Zum Glück hilft der Familie die Motorrad fahrende Hexe Olly Bannbrecher aus der Patsche. Doch nicht nur sie besitzt Zauberkräfte, auch Alex gibt unerwartet kleine Verwandlungskünste zum Besten.
Eine spannende und witzige Gespenstergeschichte.

Hinweise
Wer Lust auf Grusliges hat, findet in der Reihe «Geisterstunde» weitere Bände.

England / Gespenstergeschichte / Humor / Schottland

Smadja, Brigitte

Der Superkleber

Aus dem Französischen von Eva Ludwig
Frankfurt am Main: Fischer 2001 (Fischer Schatzinsel)
95 S., geb., Fr. 17.40, ISBN 3-596-85074-6; Taschenbuchausgabe ISBN 3-596-80415-9

| 4 |
| 5/6 |
| 7/8 |
| 9/10 |

| L |
| G |

Nach den Sommerferien kommt Ulysses, ein neuer Schüler, in die sechste Klasse. Ulysses sorgt für Aufregung. Er lässt nichts unversucht, um Thomas als Freund zu gewinnen, doch Thomas will nichts von Ulysses wissen: Ulysses stört die Clique. Zudem verpasst Thomas eine Gelegenheit, Valentine für sich einzunehmen. Ulysses, so denkt Thomas, hängt wie eine Klette an ihm. Und Ulysses lässt nicht locker. Er ruft Thomas an, er holt ihn ab und besucht ihn zu Hause. Thomas' Schwestern umschwärmen den charmanten Neuen, aber Thomas fragt sich, was er alles noch tun muss, um diesen «Superkleber» loszuwerden. Als Ulysses auf einer Geburtstagsfeier uneingeladen auftaucht, wehrt sich Thomas mit den Fäusten. Ulysses rennt weg, wird von einem Auto erfasst und erleidet in der Folge ein Schleudertrauma. Thomas wird von Schuldgefühlen geplagt, und zum ersten Mal betrachtet er die Sache aus einem anderen Blickwinkel.
Ein Buch, das nachdenklich stimmt.

Hinweise

Das Buch beginnt mit einer kurzen, hilfreichen Einleitung. Hie und da enthält der Text recht schwer verständliche Fremdwörter, im Übrigen ist die Geschichte sprachlich gut zu lesen.

Außenseiter / Clique / Freundschaft / Schulklasse

Stevenson, R. L.

Die Schatzinsel

Ein Leseprojekt zu dem gleichnamigen Abenteuerroman von R. L. Stevenson
Erarbeitet von Kirsten Grossmann; Illustrationen von Wolfgang Slawski
Berlin: Cornelsen 2003 (einfach lesen!)
96 S., brosch., Fr. 14.80, ISBN 3-464-60160-9

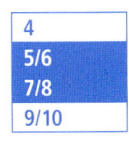

| 4 |
| 5/6 |
| 7/8 |
| 9/10 |

| L |
| G |

Wer kennt sie nicht, die berühmte Abenteuergeschichte um die gefährliche Suche nach dem Schatz des Piratenkapitäns Flint? Der Junge Jim Hawkins gerät durch einen Zufall in den Besitz einer Schatzkarte dieses berüchtigten Kapitäns. Die Karte übergibt er einem Richter und einem Arzt, und die beiden lassen unverzüglich das Schiff Hispaniola ausrüsten. Jim soll sie als Schiffsjunge begleiten. Doch haben bereits ehemalige Kumpane des Piratenkapitäns auf der Hispaniola angeheuert. Das Schiff sticht in See, und so kommt es, dass sich Jim zusammen mit Halunken und Seeräubern der gefährlichsten Sorte an Bord befindet. In einer Apfelkiste versteckt belauscht er die Verräter, und er erlebt den gefährlichen Kampf der meuternden Piraten. Mit Glück, Jims Hilfe und einem vor Jahren auf der Insel ausgesetzten Matrosen wird der Schatz gehoben, und Jim kehrt als reicher Mann nach Hause zurück.
Ein spannendes Lesevergnügen für Abenteuerlustige!

Hinweise

«Die Schatzinsel» ist ein Buch aus der Reihe «einfach lesen!» (s. Erläuterungen). Der Text enthält einige Fremdwörter sowie fachspezifische Wörter aus der Schifffahrt. Zum Buch sind Hörbücher in der ungekürzten Fassung erhältlich.

Abenteuer / Insel / Junge / Seemann / Seeräuber

Venzke, Andreas

Carlos kann doch Tore schießen

Illustrationen von Catherine Louis
Zürich: Nagel & Kimche 1999
96 S., geb., Fr.17.60, ISBN 3-312-00850-6; Taschenbuchausgabe ISBN 3-407-78468-6

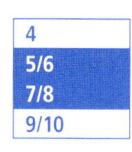

| 4 |
| 5/6 |
| 7/8 |
| 9/10 |

| L |
| G |

Carlos lebt in einem Armenviertel in Brasilien. Fußball ist seine Leidenschaft. Keiner kann so wunderbar dribbeln wie er und keiner kann sowohl mit dem rechten als auch mit dem linken Fuß treffsicher Tore schießen. Carlos' Traum ist es, ein großer Fußballspieler zu werden und eines Tages in einem berühmten Verein mitspielen zu können. Dann müsste er auch keine Autoscheiben mehr putzen. Doch in letzter Zeit klappt es nicht mehr so recht mit dem Tore schießen. Was ist los mit Carlos? Weder der Trainer, noch die Eltern oder die Freunde wissen Rat. Aber der Großvater hat eine Idee. Er schenkt seinem Enkel einen alten Schnürsenkel, der einst dem berühmten Fußballspieler Pelé gehört haben soll. Der Schnürsenkel ist ein idealer Talisman. Dank diesem Glücksbringer schafft Carlos, wovon er seit langem träumt – obwohl der Schnürsenkel gar nicht von Pelé, sondern von Großvaters Schuh stammt!
Eine humorvolle Erzählung, nicht nur für Fußballfans.

Hinweise

Die Geschichte macht Mut, in schwierigen Situationen nicht gleich aufzugeben – manchmal hilft vielleicht schon ein kleiner Trick! Die lustigen Illustrationen auf jeder Seite erleichtern das Textverständnis.

Brasilien / Fußball / Humor / Junge / Selbstvertrauen / Slum

Zöller, Elisabeth
Der Klassen-King
Illustrationen von Edda Skibbe
Stuttgart: Thienemann 1999
124 S., geb., Fr. 15.90, ISBN 3-522-17260-4; Taschenbuchausgabe ISBN 3-570-26138-7

4
5/6
7/8
9/10

L
G

Hannah verliebt sich Knall auf Fall in den neuen Jungen der Klasse, Steffen Kuhlmann, genannt Coolman. Doch Steffen versucht, durch gewaltsame Streiche aufzufallen. Schon bald findet er Anhänger, die bei seinen Streichen mitmachen. Die Stimmung in der Klasse ist gedrückt, und Angst breitet sich aus. Hannah ist zwischen ihren Gefühlen hin- und hergerissen, sie liebt und hasst Coolman zugleich. Die Einladung zu einem Video-Nachmittag bei Coolman mündet in einen Alptraum. Immer schneller dreht sich die Gewaltspirale, bis endlich gemeinsam mit der Lehrerin nach Lösungen gesucht wird.

Das Buch «Der Klassen-King» schließt zwar nicht mit einem Happy End, doch wird ein Lösungsansatz aufgezeigt: «Wir müssen lernen darüber zu reden, wenn uns etwas nicht passt. Wir müssen lernen uns zu wehren. Mutig sein will gelernt sein. Das braucht Zeit. Das Reden ist nur der Anfang.»

Hinweise
Der Text enthält manchmal etwas grob wirkende umgangssprachliche Wendungen. Doch die Ausgestaltung des Themas ist interessant, und der Text eignet sich auch als Diskussionsgrundlage, unter anderem über die Themen Gewalt und Konfliktlösung. Zu Elisabeth Zöllers Buch liegt ein Begleitheft für Lehrpersonen und Erziehende vor.

Angst / Clique / Gewalttätigkeit / Konfliktlösung / Verlieben

Till Eulenspiegel
Herausgegeben von Gisela Betke Nielsen; Illustrationen von Oskar Jørgensen
Stuttgart: Klett International 1999 (Easy Readers)
64 S., brosch., Fr. 12.00, ISBN 3-12-675482-1

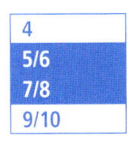

4
5/6
7/8
9/10

L
G

Das Buch enthält Geschichten um den berühmten deutschen Schelm Till Eulenspiegel, der sich als Handwerksgesellen ausgibt, von Ort zu Ort zieht und überall Schabernack treibt und Streiche spielt. So wird beispielsweise erzählt, weshalb sich Eulenspiegel als Kind gleich drei Mal taufen lassen muss, wie er zum Seiltänzer wird und wie er Diebe narrt und foppt. Durch seine lustigen Streiche wird er gleichermaßen berühmt und berüchtigt und bringt damit die Menschen – aber auch sich selber – zum Lachen. Ein vergnüglicher Lesespaß.

Hinweise
Der bekannte Text wurde bearbeitet und gekürzt. Mit seinen kurzen Kapiteln und hilfreichen Zeilenzählern ist er leicht zu lesen. Viele Worterklärungen sowie Fragen zum Text, jeweils am Ende eines Kapitels, sichern das Leseverständnis. Die Lektüre eignet sich für fremdsprachige Kinder und Jugendliche mit geringen Deutschkenntnissen. Zum Titel sind Hörbücher und ein Video in ungekürzter Fassung erhältlich.

Abenteuer / Humor/ Mittelalter / Narr

Bieniek, Christian

Ein Stürmer zu viel

Illustrationen von Markus Grolik
Hamburg: Carlsen 2001 (Reihe Sansibar)
114 S., brosch., Fr. 12.40, ISBN 3-551-37070-2

4
5/6
7/8
9/10

L
G

Dominiks Geburtstagsfeier gerät zur Trauerfeier. Schon wieder haben Dominik und seine Freunde beim Fußballspiel haushoch verloren. Doch das ist keineswegs Dominiks einzige Sorge, denn Sascha, ein neuer Junge, nimmt in der Mannschaft seinen Platz als Mittelstürmer ein. Auch Saschas Schwester Sarah versetzt alle in Erstaunen: Es gibt tatsächlich Mädchen, die Fußball spielen können!

Den Freunden ist klar: Nur mit einem neuen Trainer haben sie eine Chance, das nächste Spiel zu gewinnen. Dominiks Onkel Georg hat eine Idee: Ulf Erdmann, langjähriger Mittelstürmer beim FC Bayern, wohnt doch seit kurzem im Dorf. Ob sie ihn fragen wollen?

Nun gilt es zwei Ziele zu erreichen: Erdmann als neuen Trainer zu engagieren und das Spiel gegen den BV 05 zu gewinnen. Nicht zum ersten Mal können die Jungen mit Sarahs Hilfe und Einfallsreichtum rechnen.

Hinweise

«Ein Stürmer zu viel» richtet sich an Fußballbegeisterte und zeigt realistisch, welche Probleme in einer Fußballmannschaft auftreten können.

Freundschaft / Fußball / Junge

Friedmann, Herbert

Der gestohlene Zauberring

Ein Abenteuer-Spielebuch
Illustrationen von Hauke Kock
Würzburg: Arena 2003 (Abenteuerland)
109 S., geb., Fr. 14.20, ISBN 3-401-05395-7

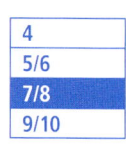

4
5/6
7/8
9/10

L
G

Maja, Alex und Tobias sind Mitglieder der Haifischbande. Die Zeit ist wieder mal reif für ein neues Abenteuer. Im Hof der Burgruine heben sie eine mit Unkraut bewachsene Bodenplatte an, stoßen auf eine Treppe und schon befinden sie sich im Mittelalter. Sie besuchen Jakob von der Hornsmühle, einen alten Freund, und erfahren, dass sein Zauberring von Raubrittern gestohlen worden ist. Doch das ist nicht das Schlimmste, auch Jakobs Sohn ist seither verschwunden. Eindeutig: Das ist ein Fall für die Haifischbande!

Und schon geht das Abenteuer los. Überall lauern Gefahren: So treiben beispielsweise Raubritter ihr Unwesen, ein Drache bedroht die Kinder, und auch dem Mönch Antonius ist nicht zu trauen, wie sie feststellen. Zum Glück ist die Bande gut ausgerüstet, zum Beispiel mit einer Rauchpatrone oder Majas Zauberkoffer. Ein spannender interaktiver Krimi.

Hinweise
«Der gestohlene Zauberring» ist ein Buch aus der Reihe «Abenteuerland». Wenn die Figuren vor einer schwierigen Entscheidung stehen, müssen die Leserinnen und Leser mitentscheiden. Sie bestimmen, wie und wo das Abenteuer fortgesetzt wird.
Aus der Reihe «Abenteuerland» liegen weitere Bände vor.

Abenteuer / interaktive Kriminalgeschichte / Mittelalter

Hagemann, Bernhard
Champions für einen Tag
Illustrationen vom Autor
Ravensburg: Ravensburger Buchverlag 2001 (Ravensburger Taschenbuch, short & easy)
89 S., brosch., Fr. 9.20, ISBN 3-473-52186-8

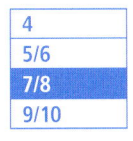

| 4 |
| 5/6 |
| **7/8** |
| 9/10 |

| **L** |
| G |

Olivers Weg führt an der Siedlung «Georgstraße» vorbei. Die «Schorschies» – so nennen sich die Kinder aus der Siedlung – lauern ihm auf, und oft wird er verprügelt. Oliver wagt sich kaum mehr nach draußen. Da findet im Jugendclub ein Tischfußballturnier statt, und Oliver freundet sich mit Herbert an. Herbert ist zwar ein Schorschie, aber als Team haben sie eine Chance, das große Kicker-Turnier zu gewinnen. Als sich Oliver in Sarah verliebt, geraten sich Oliver und Herbert in die Haare. Oliver ist gewiss kein Kraftprotz, aber im Tischfußball ist er unschlagbar, und so versöhnen sich Oliver und Herbert miteinander.

Hinweise
«Champions für einen Tag» ist ein Buch aus der Reihe «short & easy» (s. Erläuterungen). Es zeigt, dass «stark sein» nicht notwendigerweise mit Muskelkraft zu tun hat. Das Buch bietet eine Diskussionsgrundlage zum Thema Jugendgewalt. Der Titel wird im Juni 2004 neu aufgelegt.

Freundschaft / Gewalttätigkeit / erste Liebe / Tischfußball

Laird, Elizabeth
Geheime Freundschaft
Aus dem Englischen von Ellen Würtenberger; Illustrationen von Bernhard Hagemann
Ravensburg: Ravensburger Buchverlag 2000 (Ravensburger Taschenbuch, short & easy)
96 S., brosch., Fr. 9.20, ISBN 3-473-52170-1

| 4 |
| 5/6 |
| **7/8** |
| 9/10 |

| **L** |
| G |

Rafaella? Komischer Name! Und die abstehenden Ohren! Die Klasse lehnt die Neue ab. Doch Lucy verbringt viel Zeit mit ihr, nur soll niemand etwas davon wissen. Lucy will keinesfalls eine Außenseiterin sein, nur weil sie sich mit der Neuen abgibt. Eigentlich mag Lucy Rafaella ganz gut, aber für die Freundin einzustehen, erfordert Mut.
Lucy schafft es nicht – und als die Freundin unerwartet an den Folgen einer Operation stirbt, hat sie Schuldgefühle. Lucy sucht den Kontakt zu Rafaellas Familie, um so das Ge-

schehen zu verarbeiten. Eine berührende und nachdenklich stimmende Geschichte zum Thema Freundschaft.

Hinweise

«Geheime Freundschaft» ist ein Buch aus der Reihe «short & easy» (s. Erläuterungen). Das Buch bietet Diskussionsmöglichkeiten über Außenseiter und Ausgrenzung in einer Klassengemeinschaft. Der Titel wird im Januar 2004 neu aufgelegt.

Anderssein / Außenseiterin / Freundschaft / Mädchen

Obrist, Jürg
Klarer Fall?!
40 Minikrimis zum Mitraten
Illustrationen vom Autor
München: dtv 1999 (dtv junior)
91 S., brosch., Fr. 10.80, 3-423-70506-X

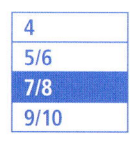

| 4 |
| 5/6 |
| **7/8** |
| 9/10 |

| L |
| **G** |

Im Detektivbüro Bohne & Co. geht es zu und her wie in einem Bienenhaus. Rund um die Uhr wird das Duo zu neuen rätselhaften Fällen gerufen. Die beiden Spürnasen Kalle Bohne und Gitta Gurke sind hinter Gaunern und Dieben her und knacken selbst die vertracktesten Fälle – egal, ob es sich um einen geklauten Lottoschein oder um eine wertvolle Bierdeckelsammlung handelt, die am Bahnhof verschwindet. Die Leserinnen und Leser begleiten Kalle und Gitta bei ihren Ermittlungen, und wer die Texte gründlich liest und die Bilder genau betrachtet, findet schon bald die Spur zu den Tätern.
Die kurzen spannenden Geschichten, deren Ausgang erst mit der Lösung des Falles feststeht, machen Lust aufs Lesen!

Hinweise

Leider ist der Text in etwas zu kleinem Schriftgrad gesetzt; demgegenüber sind die Geschichten für Leseschwache passend kurz und mit ganzseitigen Illustrationen versehen. Auch kann nach jedem Fall eine Verschnaufpause eingelegt werden – und man braucht nicht jeden Fall zu lösen bzw. zu lesen! Wenn alle Bemühungen fehlschlagen, kann die Lösung am Ende des Buches nachgelesen werden. Weitere interaktive Krimibände mit Kalle und Gitta liegen vor.

Detektiv / Detektivin / Humor / interaktive Kriminalgeschichte / Rätsel

Scholes, Katherine

Sam's Wal

Aus dem Englischen von Ulli und Herbert Günther; Illustrationen von Quint Buchholz
Ravensburg: Ravensburger Buchverlag 2003 (Ravensburger Taschenbücher)
62 S., brosch., Fr. 9.20, ISBN 3-473-52039-X

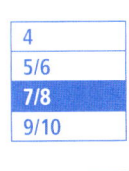

| 4 |
| 5/6 |
| **7/8** |
| 9/10 |

| L |
| **G** |

Unten am Meer findet Sam einen gestrandeten Zwergpottwal. Der Wal ist in der Nacht an Land gespült worden. Sam hat zwar schon öfter tote Wale am Strand liegen sehen, doch dieser hier lebt. Das merkt Sam, als er sich gegen den großen Körper lehnt und den Herzschlag spürt. Sam will «seinem Wal» helfen; er deckt ihn liebevoll mit feuchtem Seetang zu und baut ihm ein schattenspendendes Dach.
Um ihn zu retten, bedarf es der Hilfe des befreundeten Wissenschafters Angus. Während Sam auf ihn wartet, tauchen die Higg-Brüder auf, die die Zähne des Wals gern in ihre Sammlung aufgenommen hätten. Doch Angus kommt gerade im rechten Augenblick: Die Brüder stecken ihre Buschmesser ein und verziehen sich.
Als die Flut steigt, gelingt es Sam und Angus mit vereinten Kräften, den Wal ins Meer zu rollen.
Eine spannende Geschichte über die Freundschaft zwischen einem Kind und einem Wal.

Hinweise
Die Vorbemerkung der Autorin enthält Informationen über Wale. Der Titel ist als Klassensatz bei der Bibliomedia Schweiz erhältlich.

Freundschaft / Junge / Wale

Seidemann, Maria

Gisbert der Kurzsichtige

Mit Illustrationen von Katja Kersting
München: dtv 2002 (dtv junior)
97 S., brosch., Fr. 11.70, ISBN 3-423-70717-8

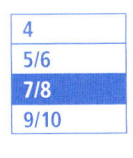

| 4 |
| 5/6 |
| **7/8** |
| 9/10 |

| L |
| **G** |

Die Geschwister Peggy und Paul helfen bei einem Ritterfilm auf der Burgruine mit. Da geraten sie in ein Zeitloch. Unversehens werden sie ins Mittelalter versetzt. Im alten Gemäuer werden sie von seltsam gekleideten Männern gefangen genommen. Paul und Peggy suchen fieberhaft nach einem Ausweg, um in ihre Zeit zurückzukehren. Zum Glück lernen sie Gisbert kennen, ein Knappe und zukünftiger Ritter, der sie bewachen soll. Er ist sehr angetan von den beiden, und er will alles über ihre Zeit wissen. Als Gisbert heftige Schmerzen im Bauch verspürt, schließt Paul sofort auf eine Blinddarmentzündung. Kurzerhand überzeugen die Geschwister die Anwesenden, dass Gisbert sofort Hilfe braucht, und ein Mönch zeigt ihnen die Stelle zum Zeitloch. Gisbert wird im Krankenhaus operiert. Die Geschwister entführen ihn gleich darauf und bringen ihn zurück zur Burg. Eine abenteuerliche und spannende Zeitreise ins Mittelalter.

Hinweise
Der Zeitsprung ermöglicht den Leserinnen und Lesern einen Einblick in die Lebenswelt des Mittelalters. Der Folgeband heisst «Gisbert der Klarsichtige».

Abenteuer / Gefangenschaft / Geschwister / Hilfsbereitschaft / Mittelalter / Zeitreise

Twain, Mark

Tom Sawyers Abenteuer

Ein Leseprojekt zu dem gleichnamigen Roman von Mark Twain
Erarbeitet von Michaela Greisbach; Illustrationen von Oleg Assadulin
Berlin: Cornelsen 2003 (einfach lesen!)
96 S., brosch., Fr. 14.80, ISBN 3-464-60173-0

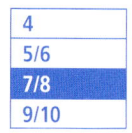

| 4 |
| 5/6 |
| **7/8** |
| 9/10 |

| **L** |
| G |

Tante Polly zieht neben ihrem eigenen Sohn Sid ihren Neffen Tom Sawyer groß. Tom hält seine Tante auf Trab, er nascht gern, schwänzt hie und da die Schule und er hat immer eine passende Ausrede. Aber richtig böse kann ihm Tante Polly nicht sein, dafür mag sie ihn viel zu gern.
Eines Nachts beobachten Tom und sein Freund Huckleberry Finn wie zwei Männer, Indianer-Joe und Muff Potter, dem Doktor helfen, eine Leiche auszugraben. Da bricht unter den Männern ein Streit aus und es kommt zu einem Kampf, bei dem der Doktor erstochen wird. Das Messer gehört zwar Potter, aber der Täter war Indianer-Joe, das haben die Jungen gesehen. Dank ihrer Aussage vor Gericht entkommt Potter der Strafe. Indianer-Joe hingegen gelingt es zu fliehen. «Tom Sawyers Abenteuer» enthält weitere Geschichten, etwa von einer Floßfahrt zu einer unbewohnten Insel oder von der Gefangenschaft in einer Höhle.
Die Geschichten werden von Tom erzählt, einem Jungen, der es faustdick hinter den Ohren hat! Eine höchst vergnügliche Lektüre.

Hinweise
«Tom Sawyers Abenteuer» ist ein Buch aus der Reihe «einfach lesen!» (s. Erläuterungen). Einen weltberühmten Kinderbuch-Klassiker zu lesen, dürfte eine besondere Motivation sein. Von der Originalfassung sind Hörbücher erhältlich.

Abenteuer / Junge / Schelm

Andersen, Leif Esper

Hexenfieber

Aus dem Dänischen von Gerda Neumann; Illustrationen von Mads Stage
München: dtv 2002 (dtv junior)
93 S., brosch., Fr. 10.80, ISBN 3-423-07363-2

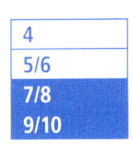

In einer kleinen dänischen Stadt greift das Hexenfieber um sich. Auch Esbens Mutter wird als Hexe verbrannt. Der Junge flüchtet und findet Unterschlupf bei einem Einsiedler. Der alte Mann öffnet ihm die Augen für die Ursachen des grausamen Geschehens. Doch dann nehmen die Hexenverfolger auch den alten Mann fest und Esben muss erneut fliehen ...
Spannend erzählt Andersen von Menschen, die in ihrer Angst und Unwissenheit jene Menschen verfolgen, die anders sind als sie.

Hinweise

Das Buch bietet Diskussionsgrundlagen zu den Themen Verfolgung, Angst vor Fremdem und Unbekanntem. Dieser Titel ist als Klassensatz bei der Bibliomedia Schweiz erhältlich.

Dänemark / historische Erzählung / Hexenverfolgung / Junge

Cramer, Stasia

Tim und die Mädchen

Aus dem Niederländischen von Verena Kiefer; Illustrationen von Susanne Haberer
Ravensburg: Ravensburger Buchverlag 1999 (Ravensburger Taschenbuch, short & easy)
105 S., brosch., Fr. 8.80, ISBN 3-473-52238-4

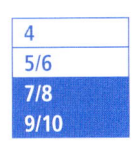

Mila ist das schönste Mädchen der Klasse, findet Tim. Auf seiner Top-Ten-Liste steht sie ganz oben. Nur zu gerne würde er mit ihr aufs Schulfest gehen! Leider ist er nicht der Einzige: Auch Marcel ist in Mila verliebt. Nun sollen die beiden Jungs auch noch im gleichen Basketballteam spielen! Doch immer wenn Tim Hilfe braucht, ist Els zur Stelle. Ist Els doch das nettere Mädchen?
Eine verzwickte Liebesgeschichte humorvoll erzählt.

Hinweise

«Tim und die Mädchen» ist ein Buch aus der Reihe «short & easy» (s. Erläuterungen). Die Geschichte schildert sehr schön die Höhen und Tiefen der Gefühle eines Jugendlichen und wie die Liebe die Welt aus den Fugen geraten lässt.

Basketball / Freundschaft / Identitätssuche / erste Liebe / Pubertät

Cramer, Stasia

Verliebt hoch zwei

Aus dem Niederländischen von Verena Kiefer; Illustrationen von Bernhard Hagemann
Ravensburg: Ravensburger Buchverlag 2002 (Ravensburger Taschenbuch, short & easy)
128 S., brosch., Fr. 9.20, ISBN 3-473-52203-1

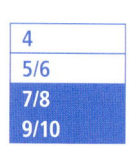

| 4 |
| 5/6 |
| **7/8** |
| **9/10** |

| **L** |
| **G** |

Pamela ist in den attraktiven Tom verliebt. Wie gern würde sie mit ihm am Reit- und Laufwettbewerb teilnehmen! Leider zeigt Tom nicht das geringste Interesse. Pamelas bester Kollege Tim versucht sie zu trösten. Dabei ist Tim selbst in Pamela verliebt. Daher beginnt Tim, für den Wettkampf zu trainieren. Aber nun ist Tom plötzlich doch noch bereit, am Wettbewerb teilzunehmen. Für Pamela ist das Chaos perfekt – denn jetzt trainieren beide Jungen für den Lauf ...

Eine realistische Erzählung über die turbulenten Gefühle der ersten Liebe.

Hinweise

«Verliebt hoch zwei» ist ein Buch aus der Reihe «short & easy» (s. Erläuterungen).
Die Geschichte zeigt auf, wie schrecklich kompliziert Liebesangelegenheiten manchmal sein können und dass sie eine Entscheidung fordern. Der Titel wird im Januar 2004 neu aufgelegt.

Freundschaft / erste Liebe / Pferd / Reiten

Fährmann, Willi

Siegfried von Xanten

Eine alte Sage neu erzählt
Illustrationen von Werner Blaebst
Würzburg: Arena 1999 (Arena Taschenbücher)
79 S., brosch., Fr. 9.60, ISBN 3-401-01830-2

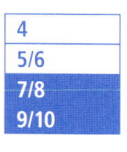

| 4 |
| 5/6 |
| **7/8** |
| **9/10** |

| **L** |
| **G** |

Die Sage reicht zurück in eine längst vergangene Zeit. Sie erzählt von Siegfried, den die Fremde und das Abenteuer locken. Und an Abenteuern wird nicht gespart. Es wird erzählt, wie Siegfried gegen den Drachen kämpft und in dessen Blut badet, um unverletzbar zu werden, wie er den Nibelungenschatz geschickt zwischen den Brüdern Schilbung und Nibelung teilt und wie er zum Dank das wunderbare «Schwert der Balmung» erhält. Es wird erzählt, wie Siegfried im Burgunderland um die schöne Kriemhild wirbt, und wie Siegfried Feinde schlägt und

Freunde gewinnt. Aber wo Erfolg und Ruhm sind, da herrschen auch Neid und Hass. So berichtet die Sage denn vom bitteren Ende – wie der Held einem hinterhältigen Mord zum Opfer fällt.
Willi Fährmann ist es gelungen, eine spannende und für Kinder und Jugendliche geeignete Version des Nibelungenlieds zu schreiben.

Hinweise

«Siegfried von Xanten» ist als Klassensatz bei der Bibliomedia Schweiz erhältlich.

Nibelungen / Sagen

Feid, Anatol

Keine Angst, Maria

Eine wahre Geschichte aus Santiago de Chile
Reinbek bei Hamburg: Rowohlt TB 2002 (rororo rotfuchs)
117 S., brosch., Fr. 8.80, ISBN 3-499-20452-5

| 4 |
| 5/6 |
| **7/8** |
| **9/10** |

| **L** |
| **G** |

Maria ist zehn Jahre alt und lebt mit ihren Eltern und ihrem Bruder in San Gabriel, einem Armenviertel von Santiago de Chile. Die Familie ist so arm, dass Maria Geld dazu verdienen muss. Sie arbeitet als Straßenhändlerin. Juan, ihr älterer Bruder passt auf sie auf und beschützt sie. Doch eines Tages passiert etwas Schreckliches: Juan wird von der Polizei erschossen! Niemand wagt es, sich gegen das Verbrechen zu wehren. Maria und ihre Freunde sind verzweifelt. Aber so schnell geben die Kinder nicht auf. Mit Hilfe von Pater Andres, der Lehrerin Marta und einer Idee von Maria, erreichen die Kinder, dass die Erwachsenen zusammenhalten und sich gegen die Polizei auflehnen.
Die Schilderung beruht auf einer wahren Begebenheit und macht zutiefst betroffen.

Hinweise
In einer kurzen Einleitung schildert der Autor, warum die Geschichte der Kinder von San Gabriel noch immer aktuell ist, obwohl sie mittlerweile über 20 Jahre zurückliegt. Am Schluss des Buches ist ein Brief der Kinder von San Gabriel an den Autor abgedruckt. Spanische Begriffe und Ausdrücke sind am Ende des Buches erklärt. «Keine Angst, Maria» zeigt schonungslos, was es heißt, unter einer Militärdiktatur und in großer Armut zu leben. Das vorliegende Buch wurde mit dem Gustav-Heinemann-Friedenspreis und dem Katholischen Kinderbuchpreis ausgezeichnet. Begleitmaterial für Lehrpersonen ist beim Verlag kostenlos zu beziehen.

Armut / Chile / Militärdiktatur / starkes Mädchen / Unterdrückung

Gahrton, Måns

Eva & Adam: Schule, Scherereien und die erste Liebe

Aus dem Schwedischen von Maike Dörries; Illustrationen von Johan Unenge
Hamburg: Carlsen 2002
123 S., geb., Fr. 17.40, ISBN 3-551-55291-6

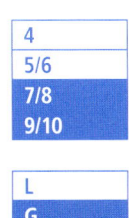

| 4 |
| 5/6 |
| **7/8** |
| **9/10** |

| **L** |
| **G** |

Adam ist neu in der Klasse. Schon nach kurzer Zeit freundet sich Adam mit Alexander an und verliebt sich Hals über Kopf in Eva. Alexander kann es nicht lassen: Er versucht Adam mit Eva zu verkuppeln: Er trickst beim Spiel «Russische Post», so dass Adam Eva küssen muss. Danach ist nichts mehr wie früher, obwohl Eva immer noch behauptet, sie und Adam seien lediglich gute Freunde. Nur komisch, dass sie immer so ein flaues Gefühl im Magen hat, wenn sie mit Adam zusammen ist. Adam geht es nicht anders, doch die beiden trauen sich nicht, darüber zu sprechen. Als sich Evas beste Freundin Annika für Adam interessiert, nimmt das Geschehen eine ungeahnte Wendung, und schließlich finden sich Eva und Adam doch noch.
Eine sehr amüsante, humorvolle und realistische Geschichte über das Verliebtsein.

Hinweise

Kapitelweise wird einmal von Adam, einmal von Eva erzählt. Sowohl Leserinnen als auch Leser können sich daher mit den Figuren identifizieren. Das Buch ist zwar eher umfangreich und es enthält auch einige regional gefärbte umgangssprachliche Ausdrücke, aber die kurzen Kapitel, die vielen Dialoge und lustigen Zeichnungen bieten leichtfüßige und abwechslungsreiche Lektüre. Wer wissen will, wie die Geschichte von Eva und Adam weitergeht, kann dies in den Folgebänden erfahren. Zu «Adam & Eva» gibt es eine gleichnamige Fernsehserie.

Freundschaft / Humor / erste Liebe / Schule

Gemmel, Stefan

Wirklich NICHTS passiert?

Illustrationen von Cornelia Kurtz
Köln: Dürr + Kessler 1997 (Streifzüge)
96 S., brosch., Fr. 12.50, ISBN 3-8181-6026-0

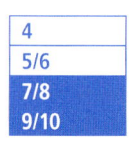

Anna nimmt Ballettstunden. Sie träumt davon, einmal mit Martin in Romeo und Julia die Hauptrolle zu tanzen. Nur allzu gern würden Anna und ihre Freundin Christine die eingebildete Sabine ausschalten.
Eines Tages erscheint Christine nicht zur Ballettstunde. Als Anna sie aufsucht und nach dem Grund fragt, weicht sie aus. Aber es muss etwas mit dem Ballett zu tun haben, denn Christine will nie mehr in die Ballettstunde gehen.
Da ruft Ballettlehrer Udo, Annas Onkel, Anna zu sich. Anna denkt, dass er ihr die Hauptrolle übertragen will. Aber Udo hat anderes vor. Er berührt Anna und küsst sie, bis sie ihm gegen das Schienbein tritt und flieht. Nun wird Anna plötzlich klar, weshalb sich Christine so sonderbar verhält.

Da reden die beiden Freundinnen miteinander. Jemandem von dem Problem zu erzählen, erweist sich als schwierig. Werden die Erwachsenen ihnen glauben? Zudem ist Udo Annas Onkel. Doch die Mädchen fassen Mut und melden sich bei einer Beratungsstelle. Hier finden sie Verständnis und erhalten Hilfe. Es gelingt ihnen, mit ihren Eltern zu sprechen und Anzeige gegen Udo zu erstatten.
Eine hilfreiche Erzählung zur Problematik von sexuellen Übergriffen.

Hinweise

«Wirklich NICHTS passiert?» ist ein Buch aus der Reihe «Streifzüge» (s. Erläuterungen). Das Buch beschreibt, wie man in eine schwierige Situation geraten kann, in der man Hilfe von außen holen muss.

Ballett / sexuelle Belästigung / Freundschaft

Hagemann, Bernhard

Johnny schweigt

Illustrationen von Peter Schrank
Berlin: Langenscheidt 2001 (Leichte Lektüren für Jugendliche)
87 S., brosch., Fr. 8.90, ISBN 3-468-49722-9

| 4 |
| 5/6 |
| **7/8** |
| **9/10** |

| L |
| G |

Familie Leitermann wird unerwartet doch noch ein Austauschschüler zugeteilt. Aber John redet kein Wort – die Familie kann machen, was sie will, John macht den Mund nicht auf.

Bestimmt hat er Heimweh, denkt die Mutter, worauf die Familie alles tut, um eine englische Atmosphäre zu schaffen: Vater trägt einen englischen Scheitel, zum Frühstück gibt es bacon and eggs, und John darf mit Gert in einem Jaguar, dem englischsten aller Autos, eine Probefahrt machen. Leider sind alle Versuche vergeblich.

Nur Tina schafft es, mit John in Kontakt zu kommen – nicht etwa, dass John mit ihr spricht, aber er hört ihr aufmerksam zu.

Dann soll er halt ein Kunststück lernen! Paul und sein Vater versuchen, ihm das Fahrradfahren auf dem Hinterrad beizubringen. Plötzlich beginnt John wie wild «Fischers Fritz fischt frische Fische» zu rufen, klettert auf den Baum und denkt nicht daran, wieder runter zu kommen. Tina kann ihn schließlich dazu überreden.

«Peter Piper picked a peck of pickled pepper», sind Johns letzte Worte, nachdem er wieder Boden unter den Füßen gewonnen hat. Doch seither hat John kein Wort mehr gesprochen.

Eine humorvolle und kurzweilige Geschichte.

Hinweise

Die Erzählung ist als leichte Lektüre für Fremdsprachige konzipiert, und die vorliegende vereinfachte Fassung wurde vom Autor selbst adaptiert. Im Anhang finden sich Worterklärungen. Leider wurde der Text in einem zu kleinen Schriftgrad gesetzt, er ist jedoch übersichtlich gegliedert, und die Illustrationen lockern den Text auf. Zum Titel ist ein ausführlicher didaktischer Leitfaden erschienen, er enthält konkrete Hinweise, wie mit dem Buch in der Klasse gearbeitet werden kann (ISBN 3-468-49723-7). Im selben Verlag sind weitere adaptierte Fassungen erschienen (vgl. «Die Ilse ist weg» von Christine Nöstlinger, S. 69).

Austauschschüler / Deutschland / England / Humor

Klement, Robert

Rette die Titanic

Abenteuer im Cyberspace
Illustrationen (o. Angabe)
St. Pölten: Niederösterreichisches Pressehaus 1998
157 S., geb., Fr. 25.70, ISBN 3-85326-096-9

| 4 |
| 5/6 |
| **7/8** |
| **9/10** |

| L |
| **G** |

Der 15-jährige Jim hat eine Eintrittskarte in den größten Vergnügungspark der Welt gewonnen. Er möchte den Cyberspace, einen virtuellen Spielplatz, die jüngste Attraktion des Parks, ausprobieren. Der Animateur Jack setzt ihm einen Datenhelm auf, der mit einem Computer verbunden ist, und schon befindet sich Jack in einem virtuellen Abenteuer. In diesem Spiel soll er den Untergang der Titanic verhindern. Aber seine Versuche, Passagiere und Mannschaft vom Untergang des Dampfers zu überzeugen, schlagen fehl. Jim wird für einen Spion der Konkurrenz gehalten. Seine verzweifelten Warnungen werden ignoriert und niemand schenkt ihm Glauben – außer der neu gewonnenen Freundin Kate. Jim gelingt es, für Kate einen Platz in einem der Rettungsboote zu erkämpfen. Er selbst aber verzichtet.

Hinter seinem Rücken plant Dr. Hurst, ein Arzt, Jim einen Bio-Chip in das Gehirn zu implantieren, der das Denkorgan zu bisher ungeahnten Intelligenzleistungen befähigen kann. Doch Jim bricht in letzter Minute aus dem Versuchslabor aus. Ein Mädchen auf der Straße erinnert ihn an Kate ...

Ein abenteuerlicher Rettungsversuch zwischen Realität und Fiktion.

Hinweise

Das Buch ist umfangreich, jedoch in großem Schriftgrad gesetzt und mit Illustrationen versehen.

Abenteuer / Cyberspace / Freundschaft / Titanic

Martin, Hansjörg

Die Sache im Supermarkt

Eine Kriminalgeschichte
Reinbek bei Hamburg: Rowohlt TB 2002 (rororo rotfuchs)
94 S., brosch., Fr. 8.80, ISBN 3-499-20144-5

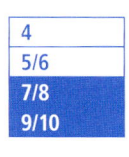

| 4 |
| 5/6 |
| **7/8** |
| **9/10** |

| L |
| **G** |

Michael Schuch und Mathias Lindner, beide 15 Jahre alt, müssen sich vor Gericht verantworten. Man hat sie dabei erwischt, wie sie in einen Supermarkt eingebrochen sind und Zigaretten und Süßigkeiten gestohlen haben.

Richter Riemann steht vor einem Rätsel. Er findet keine Erklärung für den Einbruch. Deshalb fragt Riemann beim Abendessen seine beiden Kinder, Henriette und Holger:

«Warum bricht ein Junge in einen Laden ein und stiehlt dort Zigaretten und Schokolade, obwohl er mit seinem Job genug Taschengeld verdient?»

Auch Henriette und Holger finden keine befriedigende Antwort, doch der Vater hat ihre Neugier geweckt. Henriette steckt heimlich ihre Nase in die Akten des Vaters. Was für ein Zufall – Holger und sie kennen die angeklagten Jungen!

Die beiden Geschwister beschließen, auf eigene Faust zu recherchieren und stoßen dabei auf aufschlussreiche Spuren. Die Verkäuferin gibt ihnen den entscheidenden Tipp. Michael und Mathias sind angestiftet worden, sich an dem Ladenbesitzer zu rächen.
Eine spannende Geschichte, die nachdenklich stimmt.

Hinweise
Zum besseren Verständnis sind in der Geschichte Gesetzestexte und Urteilsurkunden eingefügt. «Die Sache im Supermarkt» erschien zum ersten Mal 1977 und wurde mehrfach neu aufgelegt.

Gericht / Ladendiebstahl / Strafverfahren

Melville, Herman
Moby Dick
Ein Leseprojekt zu dem gleichnamigen Roman von Herman Melville
Erarbeitet von Kirsten Grossmann; Illustrationen von Dorina Tessmann
Berlin: Cornelsen 2002 (einfach lesen!)
95 S., brosch., Fr. 14.80, ISBN 3-464-60169-2

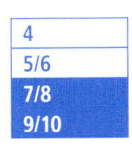

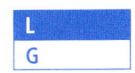

Der Weltklassiker spielt um die Mitte des 18. Jahrhunderts. Er handelt von Kapitän Ahab, der nur eine Leidenschaft kennt – die Rache an einem Wal. Die Geschichte beginnt damit, dass Ismael und Quiqueg auf demselben Walfängerschiff anheuern. Schon bald werden die beiden Freunde. Doch Ismael vergeht die Lust am Walfang, als er feststellt, dass Kapitän Ahab es nur auf einen ganz bestimmten Wal abgesehen hat. Kapitän Ahab sucht Moby Dick, einen weißen Wal, der größer und gefährlicher ist als alle anderen Wale. Er will sich an Moby Dick rächen, weil er einst in einem Kampf mit ihm ein Bein verloren hat. Nach einem fürchterlichen Sturm stoßen sie endlich auf Moby Dick, doch dieser reißt alle bis auf Ismael mit in die Tiefe. Als einziger Überlebender treibt Ismael im Meer, bis er glücklicherweise gesichtet und gerettet wird.
Eine Freundschafts- und Abenteuergeschichte.

Hinweise
«Moby Dick» ist ein Buch aus der Reihe «einfach lesen!» (s. Erläuterungen). Melville schrieb «Moby Dick» für erwachsene Leser, doch ist der Text in veränderter Form auch als Kinderbuch veröffentlicht worden. Die Leserinnen und Leser erfahren viel über das Leben der Matrosen und über den Walfang in der damaligen Zeit. Zum Titel sind Hörbücher und ein DVD-Video in ungekürzter Fassung erhältlich.

Abenteuer / historische Erzählung / Freundschaft / Seemann / Wale / Walfang

Mestron, Hervé

Interpaul ermittelt: Taschendiebe auf der Flucht

Aus dem Französischen von Anne Brauner; Illustrationen von Kerstin Schürmann
Reinbek bei Hamburg: Rowohlt TB 2002 (rororo rotfuchs)
86 S., brosch., Fr. 12.40, ISBN 3-499-21187-4

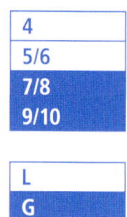

Paul, sein Bruder Yves und Tante Martha haben beim Künstler John Bubelsson auf Mallorca Arbeit gefunden. Eines Nachmittags liegt Paul am Strand. Dort fällt ihm Lydia auf, die an einem Stock geht und eine schwere Reisetasche bei sich hat. Ihr Bruder Achille begleitet sie. Lydia gefällt Paul über alle Maßen, aber er ist sich ganz sicher: Irgendetwas stimmt nicht mit den beiden. Kurz darauf beobachtet er die Geschwister bei einem Taschendiebstahl. Als er sie in ihrem Versteck aufsucht, erzählt ihm Lydia ihre Geschichte. Paul möchte den beiden helfen, und nun ist sein ganzes Geschick gefragt!
Ein spannender Krimi für kleine und große Leute.

Hinweise
Von Interpaul liegen weitere Abenteuer vor.

Diebstahl / Freundschaft / Kriminalgeschichte / Verlieben

Meyer-Dietrich, Inge

Und das nennt ihr Mut

Illustrationen von Susanne Haberer
Ravensburg: Ravensburger Buchverlag 2003 (Ravensburger Taschenbuch, short & easy)
121 S., brosch., Fr. 9.20, ISBN 3-473-52059-4

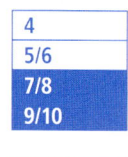

Zuhause herrscht ständig Streit, und in der Schule findet Andi kaum Freunde. Um bei den Sharks, einer Gang, mitzumachen, ist Andi bereit, einiges zu riskieren: Eine der Mutproben besteht im Stehlen von Walkmen. Andi besteht die Probe – zwar mit klopfendem Herzen und schlechtem Gewissen – jedoch ohne erwischt zu werden. Doch statt ihn aufzunehmen, beginnen die Gangmitglieder ihn zu verprügeln und zu erpressen. Bald steckt Andi in so tiefen Schwierigkeiten wie noch nie. Da kommt Henner neu in die Klasse, und die beiden Jungen freunden sich an. Henners Freundschaft verleiht Andi Selbstvertrauen, und schließlich spricht sich Andi bei Henner aus.
Eine realistische Geschichte über Freundschaft und Selbstvertrauen.

Hinweise
«Und das nennt ihr Mut» ist ein Buch aus der Reihe «short & easy» (s. Erläuterungen). Die Geschichte zeigt auf, wie es möglich ist, sich aus einer scheinbar ausweglosen Situation zu befreien. In der Problematik können sich die Lesenden selbst erkennen, sei es aufgrund eigener Erfahrungen, sei es aufgrund von Erfahrungen, die über Medien vermittelt werden.

Diebstahl / Familie / Freundschaft / Identitätsfindung / Jugendbande / Mutprobe

Oldenhave, Mirjam

Donna, ich und die Sache mit Tommi

Aus dem Niederländischen von Monika Götze
München: dtv 2002 (dtv junior)
123 S., brosch., Fr. 10.80, ISBN 3-423-70687-2

| 4 |
| 5/6 |
| **7/8** |
| **9/10** |

| L |
| **G** |

Donna und Lisa sind Freundinnen. Sie führen ein geheimes Buch, in dem sie sich gegenseitig Aufträge erteilen. Da steht zum Beispiel: *«Auftrag 11 (von Donna an Lisa): Beweise, dass du meine beste Freundin bist. Lass dir ein Augenbrauen-Piercing machen.»* oder *«(Von Lisa an Donna): Beweise, dass du meine beste Freundin bist. Komm nachts heimlich zu mir zum Übernachten.»* Bei Auftrag 13 hört der Spaß jedoch auf: *«… frage Tommi Beusink, ob er mit dir gehen will.»*
Tommi ist klein und trägt immer dieselbe braune Hose. In der Schule wird er oft gehänselt. Dennoch erfüllt Lisa ihren Auftrag. Tommi schenkt ihr Parfum und Briefe und lädt sie in den Spielsalon ein. Lisa denkt keinen Moment darüber nach, woher Tommi das Geld hat.
Als die Polizei in der Schule auftaucht, nimmt die Geschichte eine unerwartete Wendung. Auf einmal spürt Lisa, was es bedeutet, von anderen geschnitten zu werden. Zum Glück gibt es einige, die beim Ausgrenzen nicht mitmachen wollen, eigenartigerweise gerade die, über die sich Lisa immer lustig gemacht hat.

Hinweise

«Donna, ich und die Sache mit Tommi» handelt von Ausgrenzung und Akzeptanz in einem harten Schulalltag. Die Geschichte bietet eine gute Diskussionsgrundlage.

Ausgrenzung / Außenseiter / Freundschaft / Mädchen / Mobbing / Schule

Packard, Edward

Die Nacht der Werwölfe

Aus dem Amerikanischen von Ellen Würtenberger; Illustrationen von Bill Schmidt
Ravensburg: Ravensburger Buchverlag 2001 (1000 Gefahren, Du entscheidest selbst!)
91 S., brosch., Fr. 9.20, ISBN 3-473-52177-9

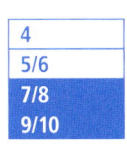

| 4 |
| 5/6 |
| **7/8** |
| **9/10** |

| **L** |
| G |

Die Geschichte macht die Leserinnen und Leser mit Tom und Karin bekannt, die in den Sommerferien sind. Eigentlich sollten es erholsame Ferien werden, aber am Teich wird ein Toter gefunden. Die Leiche weist Biss- und Kratzwunden auf. Die Polizei tappt im Dunkeln. Fest steht lediglich, dass der Mann nicht von einem Tier angefallen wurde. Da taucht in der Stadt plötzlich ein Werwolf auf. Nun gilt es, sich der Gefahr zu stellen und den Werwolf zu bekämpfen oder sich zu verstecken. Welche Abenteuer die Leserinnen und Leser mit dem Werwolf erleben, hängt davon ab, wie sie sich für den weiteren Verlauf der Geschichte entscheiden. Der Entscheid fällt nicht so leicht, gibt es doch mehrere Möglichkeiten.
Ein spannendes und ungewöhnliches Buch.

Hinweise

In diesem Buch sind die Leserinnen und Leser die Hauptakteure. Sie entscheiden selbst, wie die Handlung verläuft und wie der Schluss ausgeht. Durch die verschiedenen Wahlmöglichkeiten entstehen mehrere Geschichten mit jeweils anderen Ausgängen. Die Leserinnen und Leser können sich die Geschichten in der Klasse gegenseitig vorlesen. In dieser Reihe muss ein Buch nicht vom Anfang bis zum Schluss bewältigt werden. Der Text ist in etwas zu kleinem Schriftgrad gesetzt, aber in kurze übersichtliche Abschnitte gegliedert. In der Reihe «1000 Gefahren, Du entscheidest selbst!» sind weitere interaktive, spannende und unterhaltsame Titel mit zum Teil größerem Umfang erschienen.

Abenteuer / interaktive Schauererzählung / Spannung / Werwolf

Schlipper, Annette
Julias Traum
Illustrationen (o. Angabe)
Regensburg: Dürr + Kessler 1999 (Streifzüge)
80 S., brosch., Fr. 12.50, 3-8181-6021-X

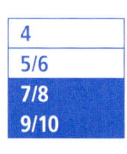

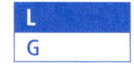

Julia ist 15-jährig und die Tochter eines Imbissbudenbesitzers. Ihre Eltern sind streng: Julia muss um zehn Uhr zu Hause sein, und sie bekommt nur wenig Taschengeld. Kein Wunder, dass sie sich hie und da aus der Ladenkasse bedient.
Der 18-jährige Marco und seine Motorrad-Clique besuchen die Imbissstube regelmäßig. Marco und keinen anderen will Julia haben. Julia ist über beide Ohren verliebt. Doch Marco erwidert diese Liebe nicht. Sie nervt ihn, als sie ihn bittet, sie auf eine Runde mit dem Motorrad mitzunehmen. Nur einer der Clique lacht nicht über Julia: Ingo, der Dicke. Er erklärt sich bereit, Julia auf eine Fahrt mitzunehmen, und er eröffnet ihr eine neue Welt: Die Welt des Motorradfahrens.
Julia macht nach wie vor Jagd auf Marco. Sie schafft es, Ingo zu überreden, sie auf ein Wochenende mit der Clique mitzunehmen. Doch Julia ist den Jungen ein Dorn im Auge, und Marco rückt noch weiter von ihr ab. Noch größer ist der Ärger mit den Eltern, als Julia nach Hause kommt.
Eines Tages steht eine bewundernswert hübsche junge Motorradfahrerin in der Imbissstube. Es ist Ingos ältere Schwester Michelle. Julia wird auf einmal schlagartig klar: Sie will Motorrad fahren. Allmählich gelangt Julia zu einem ganz neuen Selbstbewusstsein.

Hinweise
«Julias Traum» ist eine Erzählung aus der Reihe «Streifzüge» (s. Erläuterungen). Das Buch zeigt auf, wie ein Mädchen zu sich selbst findet.

erste Liebe / Motorradfahren / Pubertät / Selbstbewusstsein / Wunsch

Schwab, Käthi / Stricker, Kathrin
Ein Superlohn
Alpha-Geschichten für Jugendliche und Erwachsene
Illustrationen von den Autorinnen
Aarau: sabe Verlag bei Sauerländer 2001
48 S., brosch., Fr. 14.80, ISBN 3-252-09074-0

| 4 |
| 5/6 |
| **7/8** |
| **9/10** |

| **S** |

Die Broschüre enthält fünf kurze Geschichten über Jugendliche und Erwachsene aus verschiedenen Kulturen. Erzählt wird, wo und wie sie leben, welcher Arbeit sie nachgehen und welche Träume, Hoffnungen und Ideen sie hegen. Da ist Mbisita, die in einer Stadt in Afrika lebt und oft Heimweh nach ihrem Dorf hat, oder Elif, die seit 12 Jahren in Zürich wohnt, Köchin ist und von einem eigenen Restaurant träumt. Maria ist schon sehr alt, wohnt in einem kleinen Haus, hat bereits 13 Enkelkinder und hofft auf Urenkel. Zuletzt wird von Kerem berichtet, der seinen Coiffeur mit einem Lottoschein bezahlt – und die beiden gewinnen tatsächlich! Heitere, einfach erzählte Alltagsgeschichten mit multikultureller Thematik.

Hinweise
«Ein Superlohn» ist ein Buch aus dem Spezialangebot (s. Erläuterungen). Die Alltagsgeschichten sind für Jugendliche leicht nachvollziehbar. Jede Geschichte ist in einer eigenen, gut lesbaren und großen Schrift gesetzt. Zahlreiche Fotos erleichtern den Zugang zum Text.

Alltag / Erwachsene / multikulturelle Gesellschaft / Jugendliche

Somplatzki, Herbert
Als aus Janusz Jan wurde
Illustrationen von Ysabelle Saaliste
Köln: Dürr + Kessler 2001 (Streifzüge)
76 S., brosch., Fr. 12.50, ISBN 3-8181-6011-2

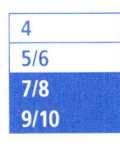

| 4 |
| 5/6 |
| **7/8** |
| **9/10** |

| **L** |
| **G** |

Janusz und seine Eltern sind als Aussiedler von Polen nach Deutschland gekommen. In der Schule wird Janusz als «Pollack» beschimpft und verprügelt. Eines Tages beobachtet Herr Sanders, der Sportlehrer, zufällig, wie Janusz von seinen Peinigern gequält wird und wie er ihnen dank seinen schnellen Beinen entkommt. Herr Sanders stellt die Bande. Schon bald bietet der Sportlehrer Janusz an, beim Lauftraining mitzumachen. Janusz läuft gern, und sein Selbstvertrauen wächst. Als ein Junge beim Staffellauf gebraucht wird, entscheidet sich der Sportlehrer für Janusz. Es kommt zu einem spannenden Rennen, in dem Janusz all seine Kräfte mobilisiert. Janusz' Mannschaft gewinnt nicht nur das Rennen, sondern Janusz überwindet auch seine Angst.
Ein berührendes Buch, das Mut macht.

Hinweise
«Als aus Janusz Jan wurde» ist ein Buch aus der Reihe «Streifzüge» (s. Erläuterungen). Die Geschichte zeigt, wie man Selbstvertrauen aufbauen kann.

Fremdenfeindlichkeit / Gewalttätigkeit / Jugendliche / Selbstvertrauen

Thenior, Ralf

Zerbrochene Träume

Illustrationen von Kordula Reichert
Ravensburg: Ravensburger Buchverlag 2003 (Ravensburger Taschenbuch, short & easy)
96 S., brosch., Fr. 7.50, ISBN 3-473-52239-2

4
5/6
7/8
9/10

L
G

Als Lisa den Jamaikaner John kennen lernt, ist es Liebe auf den ersten Blick. Lisa und John verbringen wunderbare Stunden miteinander. Doch John ist schwarz, und das ist für ein paar rechtsradikale Jugendliche Grund genug, John so schwer zu verletzen, dass er zum Rollstuhlfahrer wird. Das Glück von Lisa und John nimmt ein jähes Ende.

Die Geschichte beruht auf einer wahren Begebenheit und stimmt nachdenklich!

Hinweise

«Zerbrochene Träume» ist ein Buch aus der Reihe «short & easy» (s. Erläuterungen).
Es bietet eine gute Diskussionsgrundlage zum Thema ausländerfeindliches Verhalten.

Ausländer / Gewalttätigkeit / erste Liebe / Rassismus

Tillage, Leon Walter

Leons Geschichte

Aus dem amerikanischen Englisch von Heike Brandt; Illustrationen von Susan L. Roth
Weinheim: Beltz & Gelberg 2000
112 S., brosch., Fr. 8.90, ISBN 3-407-78415-5

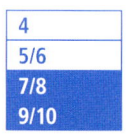

4
5/6
7/8
9/10

L
G

Das Buch erzählt die Geschichte von Leon, einem farbigen Jungen aus North Carolina. Leon wächst als Sohn eines Pächters auf einer Farm auf. Die Familie ist hoch verschuldet.
Die Eltern lassen Leon eine strenge, aber auch fromme Erziehung zuteil werden. Farbige haben nur ein begrenztes Recht auf Bildung, doch Leon und seine Geschwister dürfen die Schule besuchen. Die unterschiedlichen Lebensbedingungen von Weißen und Farbigen werden aus der Perspektive von Leon vermittelt. So etwa dürfen weiße Kinder farbige Kinder ungestraft mit Steinen bewerfen, und farbige Leute kaufen in anderen Läden ein und trinken aus anderen Brunnen als weiße. Leon erzählt von Intrigen, Ungerechtigkeit und Brutalität, und wie der Ku-Klux-Klan und die Polizei unter der farbigen Bevölkerung Angst und Schrecken verbreiten.
Als Leon 15 Jahre alt ist, wird sein Vater von betrunkenen Jugendlichen angefahren und tödlich verletzt.
In den 50-er Jahren beginnt das Bewusstsein der farbigen Bevölkerung zu erstarken. Auch Leon nimmt an den Demonstrationen teil und ist Anhänger von Martin Luther King. Trotz der erschütternden Tatsachen klagt das Buch nicht an, sondern lässt Hoffnung auf bessere Zeiten erkennen.

Hinweise

Ein Nachwort erzählt, was aus Leon wurde: Er heiratet zweimal, wird Vater einer Tochter und zweier Söhne und arbeitet zum Zeit-

punkt der Aufzeichnung als Hausmeister in einer Schule.
Leons Geschichte wurde zunächst auf Tonband gesprochen und anschließend transkribiert und bearbeitet.

Apartheid / Rassismus / Ungerechtigkeit / USA

Winnig, August
Das Römerzimmer / Der Schneider von Osterwyk
Illustrationen von Oskar Jørgensen
Stuttgart: Klett International 2000 (Easy Readers)
47 S., brosch., Fr. 12.00, ISBN 3-12-675684-0

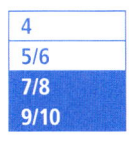

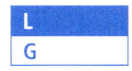

Das Buch enthält zwei Gruselgeschichten. Bei der ersten handelt es sich um eine Gespenstergeschichte. Sie spielt in einem alten Schloss. Im Schloss befindet sich ein geheimnisvolles Zimmer, das so genannte «Römerzimmer». Im «Römerzimmer» kommen in kurzer Zeit drei Besucher unter rätselhaften Umständen ums Leben. Weder die Ärzte noch die Polizei können eine Todesursache feststellen. Ob das Schlossgespenst mit den mysteriösen Morden zu tun hat? Doch dann wird das Rätsel von einem Benediktinerpater, der auf dem Schloss zu Besuch ist, gelöst. In der zweiten Erzählung wird ein verkrüppelter Schneider zu Unrecht zum Tode verurteilt. Da der Schneider so krumm gewachsen ist, versucht der Henker vergeblich, den Verurteilten zu hängen oder zu köpfen, und so entgeht der Mann dem Tod.
Zwei Schauergeschichten für Gruselfans.

Hinweise
Der Text wurde bearbeitet und gekürzt. Die kurzen Kapitel und hilfreichen Zeilenzähler erleichtern das Lesen. Viele Worterklärungen sowie Fragen zum Text, jeweils am Ende einer Geschichte, sichern das Leseverständnis. Die Lektüre eignet sich gut für fremdsprachige Jugendliche mit geringen Deutschkenntnissen.

Gespenst / Schauererzählung / Schneider

Zanger, Jan de

Die Glasmurmel

Aus dem Niederländischen von Marie-Thérèse Schins-Machleidt und Helmut Mennicken;
Illustrationen (o. Angabe)
Regensburg: Dürr + Kessler 1999 (Streifzüge)
80 S., brosch., Fr. 12.50, ISBN 3-8181-6010-4

| 4 |
| 5/6 |
| **7/8** |
| **9/10** |

| L |
| **G** |

Johann stottert, vor allem wenn ihn die anderen ärgern – und wenn Susanne mit ihm spricht.

Susanne geht in die gleiche Klasse wie Johann, und sie macht ihm Mut. Eines Tages wird er in eine Schlägerei mit Wim verwickelt. Susanne unterstützt ihn, und weil er die Herausforderung, sich zu wehren, annimmt, gewinnt Johann an Selbstvertrauen und findet zu sich selber. Ein Buch, das Mut macht!

Hinweise

«Die Glasmurmel» ist ein Buch aus der Reihe «Streifzüge» (s. Erläuterungen).
Die Geschichte zeigt auf, wie mit einer Behinderung umgegangen werden kann.

Freundschaft / Identitätsfindung / erste Liebe / Stottern

Zöller, Elisabeth

Anna rennt

Wien: Gabriel Verlag bei Thienemann 2001
117 S., geb., Fr. 21.90, ISBN 3-522-30010-6; Taschenbuchausgabe ISBN 3-570-26144-1

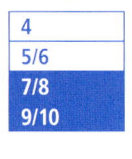

| 4 |
| 5/6 |
| **7/8** |
| **9/10** |

| L |
| **G** |

Auf dem Schulhof eines Gymnasiums in einer westfälischen Kleinstadt wird ein Junge so schwer verletzt, dass er noch auf dem Schulhof stirbt. Es handelt sich um Helmut, ein Flüchtlingskind aus dem Osten. Georg hat Helmut getreten, und Georg hat einen einflussreichen Vater.

Anna, die Helmut liebt, hat alles gesehen. Nun hat Anna Angst, und die Angst kommt nicht von ungefähr. Zwar ist der Krieg zu Ende, doch Anna weiß, dass der Krieg nicht aufgehört hat, er spukt noch immer in den Köpfen der Leute. Nur spricht keiner darüber. Anna ist die Einzige, die gesehen hat, wie Georg Helmut die tödlichen Tritte versetzt hat. Sie verspürt ein großes Schuldbewusstsein, aber die Eltern können sie nicht verstehen. Wem kann sich Anna anvertrauen? Niemand will ihr zuhören, nicht einmal ihre Großmutter, die sich sonst immer Zeit für sie nimmt.

Als Anna Helmuts Mutter in den «Nissenhütten» besucht, weiß sie plötzlich, was sie tun muss. Nicht nur Anna, auch Georg zeigt Größe bei der Gerichtsverhandlung. Beide entscheiden sich für die Wahrheit.

Zurück bleibt die Frage: «Was ist Gerechtigkeit? Können Menschen sie finden?»

Hinweise

«Anna rennt» ist ein Buch, das zum Nachdenken anregt und bis zur letzten Seite spannend bleibt.

Angst / Nachkriegszeit / Schuldgefühl / Ungerechtigkeit / Verlieben

Banscherus, Jürgen
Karambolage
Illustrationen von Horst Krückemeier
Regensburg: Dürr + Kessler 2000 (Streifzüge)
80 S., brosch., Fr. 12.50, ISBN 3-8181-6013-9

| 4 |
| 5/6 |
| 7/8 |
| **9/10** |

| **L** |
| G |

Martin, Susanne, Loredo und Chris wohnen im selben Quartier und sehen sich jeden Tag. Als ein Jugendtreff eröffnet wird, entdecken sie das Billardspiel, und schon bald sind sie Stammgäste. Beim Billardspiel verliebt sich Martin in Susanne, obwohl er glaubt, sie habe nur Augen für Chris, der beinahe so gut Billard spielt wie sie. Um ihre Zuneigung zu gewinnen, trainiert Martin heimlich in einem Billard-Salon in der Stadt und fordert Chris zu einem Zweikampf auf. Martin gewinnt das Spiel gegen Chris, doch Susanne kann er damit nicht beeindrucken – sie hat seine Absichten durchschaut.

Eine realistische Geschichte über Freundschaft und erste Liebe.

Hinweise
«Karambolage» ist ein Buch aus der Reihe «Streifzüge» (s. Erläuterungen). Die Geschichte zeigt, dass Leistung und Konkurrenzdenken gegen Liebe nicht aufkommen. Sie bietet Jugendlichen Identifikationsmöglichkeiten mit den Figuren und deren Lebensweise und fordert dazu auf, zu den eigenen Gefühlen zu stehen.

Billard / Freundschaft / Jugendliche / erste Liebe

Blume, Sylvia
Kommissar Karsten Kuhl
Zwei Kriminalgeschichten
Illustrationen von Cornela Wuppermann
Stuttgart: Klett-Verlag 2002
47 S., brosch., Fr. 12.–, ISBN 3-12-554980-9

| 4 |
| 5/6 |
| 7/8 |
| **9/10** |

| **S** |

«Kommissar Karsten Kuhl» enthält zwei Kriminalfälle. Bei beiden sind die Leserinnen und Leser aufgerufen, ihre detektivischen Fähigkeiten unter Beweis zu stellen und mitzudenken und mitzuraten.
Eines Tages wird Kommissar Kuhl von seiner Nachbarin Renate Rother aus dem Schlaf gerissen. Schon wieder sind ihre Ventile am Fahrrad verschwunden. Renates Verdacht fällt auf den Nachbarn Martin Maier, den Buschauffeur. Bei ihm muss sie jeweils in den Bus steigen, wenn sie ohne Fahrrad zur Arbeit zu kommen will. Für Karsten Kuhl ist der Fall klar, er weiß, weshalb Martin Maier die Ventile entfernt hat. In seinem Rückspiegel kann Maier nämlich ungestört die hübsche Renate beobachten!
In der zweiten Geschichte geht es um einen Einbruch. Monika Mende findet ihre Wohnung eines Abends in einem chaotischen Zustand vor. Offensichtlich ist jemand über den Balkon gestiegen, um in die Wohnung einzubrechen. Am meisten jammert Monika über den Verlust der Goldkette, ein Geschenk ihres Mannes. Dieser verzieht keine Miene. Seine Gelassenheit ist ein Fehler,

aber den größeren Fehler begeht Monika, als sie sich beim Firmenjubiläum mit der Kette fotografieren lässt. Kuhls aufmerksamem Blick entgeht nichts. Wenn das nicht nach Versicherungsbetrug riecht!
Zwei Krimis zum Mitraten.

Hinweise
«Kommissar Karsten Kuhl» ist ein Buch aus dem «Spezialangebot» (s. Erläuterungen). Die Figuren werden zu Beginn des Buches vorgestellt. Das Buch ist mit zahlreichen Illustrationen versehen.

Detektiv / Kriminalgeschichte / Rätsel

Delval, Marie-Hélène

Die Katzen

Aus dem Französischen von Christiane Filius-Jehne
Würzburg: Arena 2001 (Arena Taschenbücher)
122 S., brosch., Fr. 12.30, ISBN 3-401-02152-4

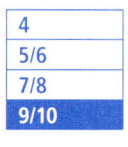

| 4 |
| 5/6 |
| 7/8 |
| **9/10** |

| L |
| **G** |

Dieses Jahr verbringt der 12-jährige Sébasto seine Ferien nicht wie üblich auf dem Campingplatz. Da sein Vater die Stelle verloren hat, verzichtet die Familie auf den Urlaub. Doch das macht Sébasto nichts aus, im Gegenteil, er freut sich darauf, mit seinem Freund und «Ersatz-Großvater» Ju zusammen zu sein.
Aber schon der erste Ferientag lässt Böses ahnen. Eine fremde Katze mit quecksilberfarbenen Augen sitzt auf Jus Türschwelle. Sébasto fürchtet sich vor ihr, und auch Ju, der sich nichts anmerken lässt, fühlt sich unbehaglich. Dann geschehen seltsame Dinge. Eine Taube, ein Huhn, ja sogar ein Schaf werden mit durchgebissener Kehle gefunden. Merkwürdig ist auch, dass plötzlich so viele Katzen zu sehen sind, bald sitzen fünf von ihnen vor Jus Haus. Inzwischen verfolgen die Katzen Sébasto bis in die Träume. Ju sucht die Bibliothek auf, um mehr über Katzen zu erfahren, und wird in einer alten Sage fündig. Dank einer List von Ju wird dem Spuk ein Ende gesetzt. Nur Ju und Sébasto wissen, was wirklich geschehen ist …
Ein Thriller zwischen Realität und Fantasie für unerschrockene Leserinnen und Leser.

Hinweise
Die Geschichte wird von Sébasto erzählt. In Sébastos Berichterstattung sind Tagebucheinträge von Ju eingeschoben, die aufzeigen, wie sich die Ereignisse aus der Sicht von Ju abspielen.

Kriminalgeschichte / Schauererzählung / Spannung

Dunker, Kristina

Liebe gibt's nicht

Weinheim: Beltz & Gelberg 1997 (Gulliver zwei)
102 S., brosch., Fr. 8.90, ISBN 3-407-78759-6

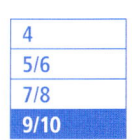

An einem regnerischen Tag trifft Inga vor der Kirche auf die weinende Sabine. Ausgerechnet Sabine! Zwei Gegensätze treffen aufeinander. Inga ist witzig und etwas nachlässig, Sabine ernst und pflichtbewusst. Inga wechselt den Freund so oft wie ihre Haarfarbe, Sabine ist schon 5 Jahre mit ihrem Freund zusammen.

Die beiden werden Freundinnen und vertrauen einander ihre Liebesprobleme an. Sabine fühlt sich von ihrem Freund Alex eingeengt. Er behauptet, nur Sabine zu lieben und droht sich etwas anzutun, falls Sabine ihn verlässt. Aber auch für Inga ist nicht alles so leicht, wie Sabine glaubt. Guido, ihr momentaner Freund, langweilt sie. In Wirklichkeit interessiert sie sich nämlich für den schönen Unbekannten mit den Sommersprossen, den sie täglich im Schulbus beobachtet.

Dank Ingas Zuspruch gelingt es Sabine, Alex den Laufpass zu geben. Doch Alex gibt nicht so schnell auf, er bedroht und vergewaltigt sie. Sabine will ihn nicht anzeigen. Das versteht Inga überhaupt nicht. Aber sie wird Sabine trotzdem helfen, ein neues Selbstvertrauen zu finden.

«Liebe gibt's nicht» ist jenen empfohlen, die Krisenromane mit Liebessujet mögen – auch wenn man davon überzeugt ist, dass es Liebe wirklich gibt!

Hinweise

Die Geschichte wird abwechslungsweise aus der Perspektive von Inga und von Sabine erzählt. Die Kapitel sind kurz und die Gedankengänge gut nachvollziehbar. Die beiden Mädchen bieten Identifikationsmöglichkeiten und animieren dazu, nachzudenken, wie man wohl selbst in einer solchen Situation gehandelt hätte.

Freundin / erste Liebe / Vergewaltigung

Dunker, Kristina

Anna Eisblume

Weinheim: Beltz & Gelberg 2001 (Gulliver zwei)
112 S., brosch., Fr. 12.40, ISBN 3-407-78869-X

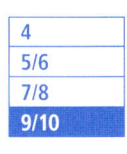

«Anna Orchidee», so nennt Vater Lessmann seine Tochter. «Orchidee», weil sie für ihn etwas ganz Besonderes ist. Doch heute hat Annas Vater ihren Zweitnamen vergessen. Annas Vater leidet an der Alzheimer-Krankheit. Anna schämt sich und erzählt niemandem von den Problemen zu Hause. In der Schule zirkulieren Gerüchte, die Anna treffen, und daher sinnt sie auf Rache. Heimlich schmuggelt sie ihre Kornnatter in die Schule und setzt sie in den Käfig mit den Rennmäusen. Die Rennmäuse sind die Lieblingstiere von Valerie. Denn Valerie war es, die Anna wegen ihres Vaters beleidigt hat.

Der Verdacht fällt schnell auf Anna, weil alle wissen, dass Anna Schlangen züchtet. Allerdings hat nur Kollo gesehen, wie Anna die Schlange in den Käfig gelegt hat. Kollo ist über beide Ohren in Anna verliebt, aber Anna reagiert eisig. Daher gibt er Anna den Übernamen «Anna die Eisblume».

Eines Tages machen Rechtsradikale die Schule und den Park unsicher. Anna und Kollo wehren sich, aber das ist nicht ungefährlich. In dieser riskanten Situation lernt Anna Kollo zu schätzen, ja sogar zu lieben. Als Annas Vater wieder einmal nicht nach Hause kehrt, findet ihn Anna, von Rechtsradikalen umringt. Die Glatzköpfe haben ihn mit Bier abgefüllt und befehlen ihm zu tanzen und sich auszuziehen. Da fasst Anna Mut und zeigt die Clique an.

Eine spannend erzählte Geschichte.

Hinweise
Die Geschichte wird aus der Sicht von Anna erzählt. Man kann den Gedanken der Ich-Erzählerin problemlos folgen. Trotz der ernsten Themen wie «Alzheimer», «Schamgefühle» oder «Rechtsradikalismus» enthält das Buch auch sehr humorvolle Passagen.

Alzheimer / Außenseiterin / Gewalttätigkeit / Verlieben

Dunker, Kristina
Dornröschen küsst
München: dtv 2002 (dtv junior)
107 S., brosch., Fr. 9.90, ISBN 3-423-78183-1

Julia und Ann-Kathrin sind 16 Jahre alt und charakterlich vollkommen unterschiedliche Zwillinge. Ann-Kathrin ist die Ausgeflippte, die sich für Jazztanz, Partys und coole Klamotten interessiert. Julia dagegen ist die Introvertierte, die sich gern Geschichten ausdenkt. In der Stadt, in welche die Familie kürzlich gezogen ist, fühlt sich Julia nicht wohl; sie lebt fast nur noch in ihrer Traumwelt. Das ändert sich erst, als Julia Ruben kennen lernt. Julia verliebt sich zum ersten Mal und kommt aus sich heraus. Ruben merkt, dass Julia anders ist als andere Mädchen, aber gerade das fasziniert ihn. Für Ruben schreibt Julia ihre Traumgeschichte auf, und er zeigt ihr sein «Paradies» – ein ausrangiertes Schwimmbad. Dort wird Julia fotografiert – ausgelassen und frei. Plötzlich jedoch tauchen Fotos auf, die Ann-Kathrin halbnackt zeigen. Ann-Kathrins Freund zerstört aus Eifersucht Rubens Zimmer- und Fotoeinrichtung, und für Julia bricht eine Welt zusammen. Wie konnte sie sich so in Ruben täuschen? Julia beginnt sich in ihr Schneckenhaus zurückzuziehen, doch dann erkennt sie, dass es sich lohnt, für das Glück zu kämpfen.
Eine lebensnahe Erzählung über Außenseitertum und Erwachsenwerden.

Hinweise
Die Geschichte wird aus der Sicht von Julia, Ruben und Ann-Kathrin erzählt. Durch den Perspektivenwechsel wird das Innenleben der Figuren zu erkennen gegeben. Aus welcher Perspektive jeweils erzählt wird, ist durch unterschiedliche Schriften gekennzeichnet.

Anderssein / Identitätsfindung / erste Liebe / Schwester / Zwilling

Erben, Eva
Mich hat man vergessen
Erinnerungen eines jüdischen Mädchens
Aus dem Hebräischen von Nathan Jessen
Weinheim: Beltz & Gelberg 1996 (Gulliver zwei)
90 S., brosch., Fr. 10.50, ISBN 3-407-78747-2

| 4 |
| 5/6 |
| 7/8 |
| **9/10** |

| L |
| **G** |

Eva Erben soll in der Klasse ihres Sohnes von ihren Erlebnissen erzählen. Eva hat als Jüdin den Krieg überlebt. Obwohl die Erinnerungen bedrückend sind, erklärt sich Eva dazu bereit. Die Geschichte, die sie an einem Gedenktag des Holocausts im Frühling 1979 erzählt, wird in «Mich hat man vergessen» protokolliert.

Nach einer unbeschwerten Kindheit wird Eva mit ihrer Familie 1941 zuerst nach Theresienstadt, 1944 nach Auschwitz deportiert.

Eva erzählt von den Grausamkeiten in den Lagern, von der Zwangsarbeit, dem Hunger und der Gaskammer. Dennoch gilt es, die Hoffnung nicht aufzugeben. Evas Vater stirbt in der Gaskammer, und auch die Mutter überlebt den «Todesmarsch» am Ende des Krieges nicht. Eva geht allein weiter. Weil sie eines Nachts verschläft, verliert sie den Anschluss zu den andern. Doch Eva wird von polnischen Bauern aufgenommen, die sich liebevoll um sie kümmern, und entkommt knapp dem Tod.

Die Geschichte ist hier aber noch nicht zu Ende. Eindrücklich wird auch die Zeit nach dem Krieg geschildert. Die Sehnsucht nach «Normalität» ist groß, doch einen normalen Alltag zu führen, ist gar nicht so leicht. Eva heiratet einen Juden, den sie in Theresienstadt kennen gelernt hat. Eva und ihr Mann wandern nach Israel aus und gründen eine Familie. Zwanzig Jahre nach Kriegsende besucht Eva ihre polnischen Lebensretter und wird mit offenen Armen empfangen.

Mirjam Pressler schreibt im Nachwort: «Mir war, als ob ich langsam und aufmerksam ein Album durchblätterte. Nicht wegen der Photos, sondern weil Evas Geschichte aus lauter einzelnen Erinnerungs-Bildern besteht».

Hinweise

«Mich hat man vergessen» ist ein Tatsachenbericht. Das Buch bietet eine gute Diskussionsgrundlage zum Thema «Holocaust». In Fußnoten werden geschichtliche Hintergründe erklärt. Das Nachwort von Mirjam Pressler ist sprachlich anspruchsvoll, rundet aber die Erzählung als Ganzes ab. Ein Anhang enthält Fotos von Eva und ihrer Familie.

Judenverfolgung / Konzentrationslager / jüdisches Mädchen / Weltkrieg (1939–1945)

Feid, Anatol

Alles Lüge

Würzburg: Arena, 1999 (Arena Life Taschenbuch)
118 S., brosch., Fr. 9.90, ISBN 3-401-02554-6

| 4 |
| 5/6 |
| 7/8 |
| **9/10** |

| L |
| **G** |

Die 12-jährige Martina wird mit dem Gerücht konfrontiert, ihre große Schwester Inge sei drogenabhängig. Die Eltern beruhigen Martina. Nichts von dem, was in der Kleinstadt erzählt wird, sei wahr. Inge sei nierenkrank und brauche deshalb ärztliche Hilfe. Martina merkt zwar, dass etwas nicht stimmen kann. Doch aus Unwissenheit und Angst wagt Martina nicht, an der Auskunft der Eltern zu zweifeln. In der Folge verstrikt sie sich immer tiefer in Selbstbetrug und Lügen. Als ein Drogenberater in der Schule über die Sucht aufklärt, kann sie endlich mit jemandem reden.

Der Roman schildert aus der Sicht einer 12-jährigen, welchen Belastungen die Familie eines drogenabhängigen Kindes ausgesetzt ist.

Hinweise
Das Buch schildert Martinas schwierige Situation angesichts einer drogenabhängigen Schwester und angesichts von Eltern, die das Problem nicht wahrhaben wollen. Es zeigt zugleich den ambivalenten Umgang der Gesellschaft mit der Suchtproblematik. Da aus der Sicht von Martina erzählt wird, ist sowohl eine präzise Berichterstattung über die Drogensucht und ihre Folgen als auch eine Identifikationsmöglichkeit mit der Hauptfigur gewährleistet. Die Lektüre bietet eine Diskussionsgrundlage zum Thema Drogen und klärt gleichzeitig auf. Dieser Titel ist als Klassensatz bei der Bibliomedia Schweiz erhältlich.

Droge / Mädchen / Schwester

Feid, Anatol

Achmed M. im Bahnhofsviertel

Reinbek bei Hamburg: Rowohlt 2001 (Erstausgabe 1983) (rororo rotfuchs)
126 S., brosch., Fr. 8.80, ISBN 3-499-20532-7

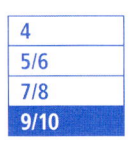

| 4 |
| 5/6 |
| 7/8 |
| **9/10** |

| L |
| **G** |

Nach dem Tod ihres Vaters beschließen der 18-jährige Hassan und sein 12-jähriger Bruder Achmed von Marokko nach Deutschland auszuwandern. Ein reicher Nachbar verspricht ihnen Hilfe von seinen Freunden. Doch als sie in Deutschland ankommen, sind die Freunde unauffindbar, und Hassan und Achmed stehen vor einer düsteren Zukunft. Ihr Versuch, Arbeit zu finden, scheitert an den deutschen Gesetzen und an der Ausländerfeindlichkeit. Mit vielen anderen Flüchtlingen leben sie auf engstem Raum. Die Brüder erkennen, dass sie von skrupellosen Geschäftemachern hereingelegt worden sind. Um zu überleben, beschließt Hassan, Drogen zu verkaufen. Er gerät jedoch selbst in Abhängigkeit und stirbt schließlich an einer Überdosis Heroin.

Dass es noch Menschlichkeit gibt, erfährt Achmed im Bahnhofsviertel. Hier findet er Freunde: Aydin, Mustafa und Talet geben sich alle Mühe ihm zu helfen. Zwar wird Achmed nach Marokko ausgewiesen, so wollen es die Gesetze, aber seine Freunde sind bereit, ihm monatlich eine Geldspende zu schicken.

«Aber so einfach mit einer Geldspende darf die Geschichte nicht zu Ende gehen», meint Fatima, Aydins Schwester. Das letzte Kapitel enthält daher zwei Schlüsse, nämlich wie die Geschichte hätte enden sollen und wie sie tatsächlich ausgeht.

Die Kinder im Bahnhofsviertel, die aus den verschiedensten Kulturen stammen, sind die Hoffnungsträger. Der Autor, der sich im letzten Kapitel vorstellt, bezieht sich auf diese Kinder und meint zum Schluss: «Die Kinder der Völker sind unsere Hoffnung. Wo sie miteinander spielen und lernen, ist Leben. Und da ist Frieden möglich».

Eine Geschichte, die auf wahren Begebenheiten beruht und tief bewegt.

Hinweise
Der Autor greift in der Geschichte auf seine Erfahrungen mit Drogensüchtigen im Bahnhofsviertel zurück.

Die Sprache ist einfach, und der Text enthält zahlreiche Dialogstücke. Dennoch sollte bedacht werden, dass die Geschichte unter die Haut geht. Ob sie einer Leserin oder einem Leser zugemutet werden kann, ist von Fall zu Fall zu entscheiden. Eine an die Lektüre anschließende Diskussion ist sinnvoll.

Ausländerfeindlichkeit / Deutschland / Drogenkriminalität / Kulturkonflikt / Marokko

---

Fülscher, Susanne

Supertyp gesucht

My secret life…
München: dtv 2002 (dtv pocket)
128 S., brosch., Fr. 10.80, ISBN 3-423-78174-2

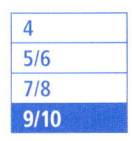

Eines Tages trägt Herr Freud, oder Freudenspender, wie der Deutschlehrer genannt wird, der Klasse auf, ein Tagebuch zu führen. Die Schülerinnen und Schüler sind nicht begeistert. «Tagebuchschreiben ist etwas für Hirnis, Babys und Leute, die nichts mit ihrer Zeit anzufangen wissen. Also eindeutig nichts für mich», schreibt die 13-jährige Toni ins Tagebuch. Doch ihre Meinung ändert sich rasch, schon bald kommt Toni ohne ihr Tagebuch nicht mehr aus. «Supertyp gesucht» enthält Tonis geheimste Tagebuchnotizen. Die Einträge verraten, was Toni beschäftigt. Sie schreibt über ihre Freundinnen, ihre Eltern – Dinos genannt – und ihre zwei Schwestern, für die sie ungleiche Sympathien empfindet. Tonis Hauptgedanken drehen sich aber um die Liebe. Drei Supertypen zieht sie in Erwägung: Den coolen Anton, Mittelsprecher der Schule, Luc, den sie aus der Band «Pulsschlag» kennt, und ihr Idol Olli aus der Fernsehserie «Haus Wahnsinn».

Keine unbedeutende Rolle spielt Nick, der Nachbar, der ihr beim Saubermachen hilft und sie ins Kino einlädt. Verliebt ist sie aber nicht. Oder doch? Als sich Charlotte, ihre beste Freundin, Nick schnappt, wird Toni plötzlich eifersüchtig.

Auf einer Party kommt sie dann doch noch zum ersehnten ersten Kuss – allerdings nicht von Anton, Luc, Olli oder Nick – sondern von Manu, einem Jungen aus der Parallelklasse. Verliebt? Nein, aber überglücklich, nicht mehr zu den Ungeküssten zu zählen!

Ein aufregendes, humorvolles Tagebuchvergnügen.

Hinweise

«Supertyp gesucht» ist in Tagebuchform geschrieben. Die in verschiedenen Schriftarten gesetzten Einträge sind wie ein echtes Tagebuch datiert und mit Bildern verziert. Tonis zweites Tagebuch, «PS: Ich mag sie trotzdem», ist ebenfalls als Taschenbuch erhältlich.

erste Liebe / Pubertät / Tagebuch

Keser, Ranka

Ich bin eine deutsche Türkin

Weinheim: Beltz & Gelberg 1995 (Gulliver zwei)
77 S., brosch., Fr. 8.80, ISBN 3-407-78739-1

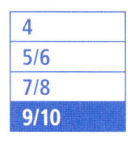

In ihrem Tagebuch erzählt die 15-jährige Ferda von ihren zwei kulturellen Identitäten und davon, dass sie manchmal selbst nicht weiß, wo sie hingehört. Ferda ist Türkin, aber in Deutschland geboren und aufgewachsen. Ihre Freundin Elke sagt, Ferda sei eine deutsche Türkin, denn Ferda spricht beide Sprachen und fühlt sich sowohl in Deutschland als auch in der Türkei zu Hause. Vor den Sommerferien, die die Familie wie gewöhnlich in der Türkei verbringen wird, eröffnet ihr der Vater, dass sich die Familie in der Heimat nach einem Verlobten für Ferda umsehen wird. Doch damit ist Ferda gar nicht einverstanden. Sie will auf keinen Fall wie ihre ältere Schwester verheiratet werden, sondern nach dem Schulabschluss eine Ausbildung machen. Kurz, Ferda will selbst über sich bestimmen. Dies zu akzeptieren, fällt vor allem dem Vater sehr schwer.

Eine Geschichte, in der ein selbstbewusstes türkisches Mädchen trotz Vorurteilen und Traditionen ihr Leben selbst in die Hände nimmt.

Hinweise

Durch die Ich-Perspektive der Tagebuchform bietet der Text Jugendlichen eine gute Identifikationsmöglichkeit. Die Gliederung in einzelne Tagebucheinträge führt zu überschaubaren Textmengen – und es kann auch mal ein Eintrag «überlesen» werden. Das Buch ermöglicht eine Diskussion über die Problematik von Jugendlichen der zweiten Ausländergeneration.

Deutschland / multikulturelle Gesellschaft / Kulturkonflikt / türkisches Mädchen / Türkei

Lembcke, Marjaleena

Als die Steine noch Vögel waren

Zürich: Nagel & Kimche 1998
116 S., geb., Fr. 21.10, ISBN 3-312-00816-6; Taschenbuch ISBN 3-423-70627-9

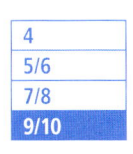

4
5/6
7/8
9/10

L
G

Leena und ihr Bruder Pekka wachsen mit vier weiteren Geschwistern in einem finnischen Dorf auf. Pekka ist anders als andere Kinder. Pekka hat seit seiner Geburt leichte Verwachsungen, und seine Entwicklung scheint verzögert. Pekka lernt zwar sprechen, doch oft versteht man den Sinn seiner Worte nicht. Die Formel «Ich liebe...» steht für Wohlbehagen, für Glück und für alles Angenehme schlechthin. Und Pekka liebt alles: die Birken, die Tannen, das Gras und die Mützen, die die Leute auf den Köpfen tragen. Eines Tages erkrankt Pekka an Leukämie. Der Plan der Eltern, nach Kanada auszuwandern, um ein besseres Auskommen zu finden, fällt ins Wasser. Stattdessen zieht die Familie auf einen Bauernhof, wo sie Schweine, Hühner und eine Kuh hält.
Pekkas unerschütterlicher Glaube, dass Steine früher Vögel waren und auch wieder zu Vögeln werden, begleitet ihn leitmotivisch. Als er an einer 1. Mai-Feier am Kopf von einem Stein getroffen wird, erklärt er: «Ich habe ja immer gesagt, dass Steine Vögel werden können.»
Pekka ist einfach anders, ja sonderbar, aber Leena erkennt, wie glücklich er alle mit seinen eigenwilligen Gedanken macht. Sie weiß, dass man ihn einfach lieb haben muss. Ein poetisches und berührendes Buch.

Hinweise

«Als die Steine noch Vögel waren» wurde 1999 für den Deutschen Jugendliteraturpreis nominiert und mit dem Österreichischen Kinder- und Jugendbuchpreis ausgezeichnet. Zum Buch sind Hörbücher erhältlich.

geistige Behinderung / Familie / Geschwister / Natur

Mai, Manfred

Warum gerade Andreas?

Illustrationen von Horst Krückemeier
Regensburg: Dürr + Kessler 2000 (Streifzüge)
80 S., brosch., Fr. 12.50, ISBN 3-8181-6014-7

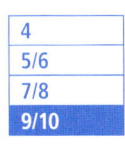

4
5/6
7/8
9/10

L
G

Andreas und Karin mögen sich. Als es mit den beiden klappt, stehen Karins Eltern der Freundschaft kritisch gegenüber. Sie glauben, dass Andreas und seine Freunde Nazipropaganda an Häuserwände schmieren. Der Geschichtslehrer nimmt die Vorkommnisse auf. Karin und ihre Freundin Babsi informieren sich vertieft über den Nationalsozialismus. Karin ist entsetzt – sie kann nicht glauben, dass Andreas wider besseres Wissen mitmacht. Obwohl Karin Andreas nicht verlieren möchte, lehnt sie seine rechtsradikale Auffassung ab und sagt ihm mutig ihre Meinung.

Hinweise

«Warum gerade Andreas» ist ein Buch aus der Reihe «Streifzüge» (s. Erläuterungen). Obwohl das Thema nicht ganz einfach ist, liest sich das Buch trotzdem leicht. Die Geschichte erzählt von der Schwierigkeit, mit gänzlich gegensätzlichen politischen Meinungen umzugehen und zeigt auf, wie man dadurch in einen persönlichen Konflikt geraten kann. Eine gute Diskussionsgrundlage für die Themen Nationalsozialismus und Rechtsradikalismus.

Jugendliche / erste Liebe / Nationalsozialismus / Rechtsradikalismus / Schule

Meissner-Johannknecht, Doris

E-M@il in der Nacht

Hamburg: Ellermann 2002
139 S., geb., Fr. 18.50, ISBN 3-7707-3142-5; Taschenbuchausgabe ISBN 3-85197-424-7

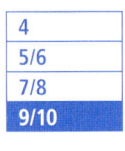

Erschrocken wacht Rosanna mitten in der Nacht auf. Aber es sind keine Einbrecher, die sie hört, sondern die Mutter, die am Computer heimlich E-Mails schreibt. Nur allzu gern möchte Rosanna wissen, mit wem ihre Mutter jede Nacht heimlich per E-Mail flirtet. Gemeinsam mit Erik, dem neuen Mitschüler und Computerexperten, versucht sie das Codewort zu knacken. Doch bald findet Rosanna Erik viel interessanter als den geheimnisvollen E-Mail-Lover ihrer Mutter. Als Rosanna und Erik dann tatsächlich entdecken, mit wem ihre Mutter verliebt chattet, sind sie echt verblüfft – es ist niemand geringerer als Eriks Vater ...!

Eine spannende und witzige Liebesgeschichte, gleichzeitig erlebt von Mutter und Tochter.

Hinweise

Trotz des etwas großen Umfangs ist das Buch mit seiner einfachen Syntax und übersichtlichen Gliederung gut zu lesen.

E-Mail / erste Liebe / dunkelhäutiges Mädchen / Mutter

Noack, Hans-Georg

Rolltreppe abwärts

Ein Leseprojekt zu dem gleichnamigen Roman von Hans-Georg Noack
Erarbeitet von Simone Schlepp-Pellny; Illustrationen von Kirsten Ehls
Berlin: Cornelsen 2000 (einfach lesen!)
95 S., brosch., Fr. 14.80, ISBN 3-464-60164-1

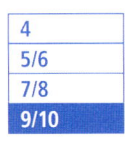

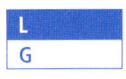

Der 13-jährige Jochen kommt in ein Heim. Seine Mutter hat ihn aus eigenem Antrieb der Erziehungshilfe übergeben, sie fühlt sich vom Kind überfordert. Der Erzieher hält Jochen von Anfang an für einen besonders schwierigen Fall.

Im Heim denkt Jochen darüber nach, wie es soweit kommen konnte: Seit ihrer Scheidung ist die Mutter unausgewogen und jähzornig. Als sie sich mit einem neuen Mann anfreundet, der Jochen schlägt, fühlt er sich zu Hause nicht mehr wohl.

Von einem älteren Jungen angestiftet, stiehlt Jochen Zigaretten. Als er für seine neue Freundin einen CD-Player klauen will, wird er von der Polizei geschnappt.

Jochen ist aus seiner Sicht gar kein so schlechter Kerl, er hat es nur nicht leicht mit sich selbst, und alles ist irgendwie dumm gelaufen. Leider hört das in der Erziehungsanstalt nicht auf. Auch hier fehlt ihm die Geborgenheit, und der Erzieher versteht ihn nicht. Jochen bricht zweimal aus dem Heim aus und endet im Gefängnis.

Eine traurige, nachdenklich stimmende Geschichte.

Hinweise

«Rolltreppe abwärts» ist ein Buch der Reihe «einfach lesen!» (s. Erläuterungen).

Gefängnis / Heimerziehung / Jugendliche / Ladendiebstahl

Nöstlinger, Christine

Die Ilse ist weg

Illustrationen von Linda Loma
Berlin: Langenscheidt 1993 (Leichte Lektüren für Jugendliche)
103 S., brosch., Fr. 8.90, ISBN 3-468-49720-2

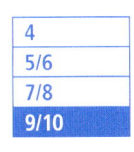

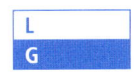

Ilse und Erika sind Scheidungskinder. Sie leben mit ihrer Mutter, deren neuem Mann Karl und den Halbgeschwistern Tatjana und Oliver unter einem Dach.

Das Zusammenleben ist schwierig. Ilse leidet darunter. Sie lügt, geht nicht zur Schule und kommt abends nicht nach Hause. Die gespannte Atmosphäre wird aus der Sicht der jüngeren Erika geschildert. Es herrscht ein aggressiver Umgangston, oft kommt es zum Streit, und klärende Gespräche sind nicht möglich. Der Konflikt zwischen Ilse und ihrer Mutter spitzt sich zu. Als Ilse bestraft wird, beschließt sie abzuhauen. An einem Freitagnachmittag verlässt sie heimlich die Wohnung und steigt in einen roten BMW, der vor der Haustür auf sie wartet. Nur ein Mensch glaubt zu wissen, wohin sie fährt: Erika, Ilses jüngere Schwester. Erika verfolgt die Spur. Allmählich lernt sie ihre Schwester wirklich kennen, und sie findet auch heraus, weshalb Ilse lügt. Erika stellt mit Hilfe eines Freundes fest, dass Ilse nach Florenz gereist ist, und es gelingt der Familie schließlich, Ilse zurückzuholen.

Eine spannende, aber auch tragische Familiengeschichte.

Hinweise

Die Erzählung ist als leichte Lektüre für Fremdsprachige konzipiert, und die vorliegende vereinfachte Fassung wurde von der Autorin selbst adaptiert. Leider wurde der Text in einem zu kleinen Schriftgrad gesetzt, er ist jedoch übersichtlich gegliedert, und die Illustrationen lockern den Text auf. Zum Titel ist ein ausführlicher didaktischer Leitfaden erschienen. Er enthält konkrete Hinweise, wie mit dem Buch in der Klasse gearbeitet werden kann (ISBN 3-468-49721-0). Im selben Verlag sind weitere adaptierte Fassungen erschienen (vgl. «Johnny schweigt» von Bernhard Hagemann, S. 49).

Ausreißen / Ehescheidung / Familienkonflikt / Schwester

Olbrich, Johannes Maria

Gefressen werden die Kinder

Köln: Dürr + Kessler 1995 (Streifzüge)
80 S., brosch., Fr. 12.50, ISBN 3-8181-6022-8

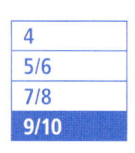

| 4 |
| 5/6 |
| 7/8 |
| **9/10** |

| L |
| **G** |

Das Buch handelt von der Nachkriegszeit, Schauplatz ist Breslau 1945. Mark und Pepe, zwei Kriegswaisen, haben Freundschaft geschlossen. Zusammen mit Simon, Elisa und deren Baby haben sie in einem alten Haus ein Obdach gefunden. Der Krieg ist zwar zu Ende, doch das Elend ist gross, es geht ums blanke Überleben.
Eines Tages treffen Mark und Pepe eine Gruppe polnischer Kinder. Auf beiden Seiten herrscht Hass und Misstrauen. Der Konflikt spitzt sich zu, als Mark und Pepe in den Trümmern ein altes Fahrrad entdecken. In einem heftigen Streit kommt es zum Totschlag.
Eine realistische Geschichte, in der die Frage aufgeworfen wird, ob tatsächlich Friede herrscht, wenn der Krieg zu Ende ist.

Hinweise

«Gefressen werden die Kinder» ist ein Buch aus der Reihe «Streifzüge» (s. Erläuterungen).

Breslau / Freundschaft / Nachkriegszeit

Rinkoff, Barbara

Einmal um den Häuserblock

Aus dem amerikanischen Englisch von Hans-Georg Noack
Würzburg: Arena 2001 (Arena Life)
104 S., brosch., Fr. 9.80, ISBN 3-401-02525-2

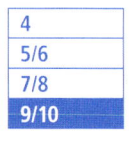

| 4 |
| 5/6 |
| 7/8 |
| **9/10** |

| L |
| **G** |

«Einmal um den Häuserblock»: Mit diesen Worten versucht Mick den 15-jährigen Johnny zu überreden, in das Auto zu steigen, das die Clique gestohlen hat.
Johnny ist ein rundum durchschnittlicher Junge. Er verhält sich unauffällig, seine Leistungen in der Schule sind mittelmässig, und auch die Mädchen scheinen sich kaum für ihn zu interessieren. Johnny fühlt sich von seinen Eltern, insbesondere von seinem Vater, vernachlässigt; vergeblich bemüht er sich um Anerkennung. In der Clique dagegen findet Johnny Halt. Um kein Aussenseiter zu sein, gibt er schliesslich nach und lässt sich zur Fahrt in dem gestohlenen Sportwagen überreden.
Nach einem Unfall können Johnnys «Freunde» fliehen, nur ihn erwischt die Polizei. Auf dem Polizeirevier, wo er eine Aussage machen muss, denkt er über sich und seine Geschichte nach. Wie ist alles gekommen? Kritisch betrachtet Johnny seine Situation, seine Familie und vor allem sich selbst. Was wird sein Vater sagen? Wird er ihm helfen, seine Probleme zu lösen?
Eine aufschlussreiche Erzählung.

Hinweise

Das Buch zeigt die Schwierigkeiten eines 15-jährigen Jungen bei der Suche nach einer eigenen Identität. Der Roman kann sowohl von Jugendlichen als auch von Erwachsenen mit Gewinn gelesen werden. Der Text ist leider in etwas zu kleinem Schriftgrad gesetzt, jedoch durch Kapitel und Abschnitte übersichtlich gegliedert.

Anerkennung / Clique / Erwachsenwerden / Identitätsfindung / Jugendliche

Schäfer, Wendel

Barbarossa

Illustrationen von Cornelia Kurtz
Köln: Dürr + Kessler 1997 (Streifzüge)
92 S., brosch., Fr. 12.50, ISBN 3-8181-6025-2

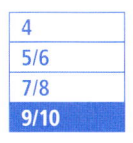

Dennis fehlt schon wieder in der Schule. Zu Hause hat er große Sorgen; sein Vater liegt im Sterben. Statt zur Schule zu gehen, trifft sich Dennis mit Pennern im Stadtpark. Die Obdachlosen Joe, «Fettsack» und der «Doktor» sind Dennis' einzigen Freunde. Als sich ein Neuer vorstellt, der sich Barbarossa nennt, aber eigentlich Heinrich Witkowski heißt, ist er Dennis gleich sympathisch. Barbarossa ist anders als die anderen Penner, auch wenn er eine dunkle Vergangenheit hat. Barbarossa bewirbt sich als Detektiv in einem Kaufhaus und bekommt den Job. Dennis besucht ihn häufig.
Eines Tages herrscht im Kaufhaus großer Aufruhr; ein kleiner Junge wurde entführt, und die Erpresser fordern vom Kaufhaus eine halbe Million Lösegeld.
Barbarossa hat einen Verdacht, wer der Täter sein könnte und wo das Versteck liegt. Zusammen mit Dennis sucht er das Versteck auf. Erst als sich die Ereignisse überschlagen, beginnt Dennis langsam zu verstehen. Eine realistische Erzählung um eine Freundschaft zwischen einem Jungen und einem Stadtstreicher.

Hinweise
«Barbarossa» ist ein Buch aus der Reihe «Streifzüge» (s. Erläuterungen).

Anderssein / Freundschaft / Obdachloser

Schliwka, Dieter

Hakenkreuz und Gänseblümchen

Illustrationen von Konrad Eyferth
Regensburg: Dürr + Kessler 2000 (Streifzüge)
80 S., brosch., Fr. 12.50, ISBN 3-8181-6017-1

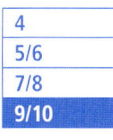

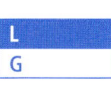

Neben dem Haus, in dem die Familie Figurski wohnt, ist eine Wiese. Vater Figurski sähe dort gern seinen Gemüsegarten, stößt mit seinem Anliegen aber auf taube Ohren. Als er hört, dass auf dem Grundstück ein Durchgangslager für Asylbewerber gebaut werden soll, reagiert er verbittert. Sein Sohn Sebastian dagegen kennt keinen Fremdenhass, im Gegenteil: Als das Durchgangslager genutzt wird, lernt er das Mädchen Jela kennen und verliebt sich in sie. Obwohl es Sebastian schwer fällt, sich auszudrücken und er in der Schule deshalb als Außenseiter gilt, gelingt es ihm, das Mädchen für sich einzunehmen. Er setzt alles daran, seiner neuen Freundin zu helfen, ihre Eltern ausfindig zu machen, und sie in der Schule zu integrieren. Caritas-Schwester Stefanie und Sebastians Lehrer sind ihm dabei wichtige Hilfen.

Auf das Durchgangslager werden immer wieder Anschläge verübt. Einmal werden Hakenkreuze aufgesprüht, ein andermal wird sogar ein Brandanschlag verübt. Mit einem Brandanschlag endet auch die Geschichte. Sebastians Vater ist dabei nicht unschuldig. Ob sich Jela in dem Lager aufgehalten hat, erfahren die Leserinnen und Leser nicht. Verraten wird nur, dass Jela nicht wie üblich in ihrer Wohnung am Bahnwärterhäuschen auf Sebastian wartet.

Eine traurige, aber aktuelle Geschichte.

Hinweise

«Hakenkreuz und Gänseblümchen» ist ein Buch aus der Reihe «Streifzüge» (s. Erläuterungen).

Asylbewerber / Ausländerfeindlichkeit / Rechtsradikalismus / Verlieben

Somplatzki, Herbert

Sprung ins Kreuz

Illustrationen von Petra Schumacher
Köln: Dürr + Kessler 1996 (Streifzüge)
78 S., brosch., Fr. 12.50, ISBN 3-8181-6023-6

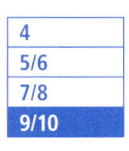

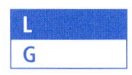

Bernd, Frank und Mesut sind Freunde und begeisterte Sportler. Aber Bernd ist der Beste. Die Sportlehrerin Frau Birkenstock hält Bernd für ein tänzerisches Talent. Sie schlägt ihm vor, in ihrer Tanzgruppe mitzumachen. Aber Bernd hat Hemmungen. Zwar lockt ihn das Tanzen, doch unter den Jungen herrscht die einhellige Meinung: Tanzen ist Weiberkram.

Heimlich schleicht sich Bernd in die Garderobe, von wo aus er Frau Birkenstocks Tanzgruppe beobachten kann. Als er ertappt wird, entschließt er sich mitzumachen.

Aber dann kommt alles anders. Als Mesut und Bernd im Schwimmbad um die Wette tauchen, springt ein Junge auf Bernds Rücken, und Bernd ist in der Folge querschnittgelähmt.

In Bernds Leben verändert sich vieles. Erst als er Vera im Park tanzen sieht, fasst er neuen Lebensmut. Veras Mutter ist Tänzerin und hat einen heimlichen Plan: Bernd und Vera sollen gemeinsam auf der Abschlussfeier tanzen. Und so kommt es, dass Bernd und Vera gemeinsam auf der Bühne sind: «Er im Rollstuhl und sie mit ihren Füßen. Jeder auf seine eigene Weise und doch beide miteinander». In der Aula brandet ein Applaus auf, so stark wie nie zuvor.

Ein optimistisches Buch.

Hinweise

«Sprung ins Kreuz» ist ein Buch aus der Reihe «Streifzüge» (s. Erläuterungen). Die Kapitel beginnen jeweils mit einer kurzen Inhaltsangabe, die das Verständnis erleichtert.

Ballett / Freundschaft / Querschnittslähmung / Unfall

Stewart, Maureen

Alki? Ich doch nicht!

Aus dem Englischen von Karin Polz
Ravensburg: Ravensburger Buchverlag 2002 (Ravensburger Taschenbücher)
96 S., brosch., Fr. 9.20, ISBN 3-473-58023-6

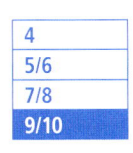

In ihrer Freizeit betrinken sich Vicky, Sharon und die anderen Mitglieder einer Clique regelmäßig. Als sie betrunken zum Unterricht erscheinen, greift Mr Jones, ein Sozialarbeiter, ein. Die 14-jährige Vicky soll ihm helfen, das Problem in den Griff zu bekommen. Aber Vicky will nicht mit ihm reden. Da versucht er, sie zum Führen eines Tagebuchs zu bewegen. Vicky will nichts davon hören. Vicky ist eine intelligente Schülerin mit guten Leistungen und für andere gesellschaftliche Probleme wie Umweltverschmutzung, Rassismus oder Drogen durchaus offen. Sie bestreitet auch nicht, übermäßig Alkohol zu konsumieren, aber sie findet ihr Verhalten völlig normal.
Doch schließlich fasst Vicky Vertrauen zu Mr Jones. Sie überredet ihre Freundin Sharon, den «Anonymen Alkoholikern» beizutreten. Als Sharon über der Sache zu stehen scheint, will sie Vicky helfen, vom Alkohol wegzukommen. Vicky erkennt das Problem zwar bei ihrer Freundin Sharon, doch bei sich selbst ist sie nicht bereit, irgendetwas zu unternehmen. Da wendet sich Sharon von Vicky ab.
Das Buch endet tragisch; Vickys Uneinsichtigkeit treibt sie in den Tod.

Hinweise

«Alki? Ich doch nicht» zeigt eine Problematik, die Jugendlichen vertraut ist. Die Lektüre regt zum Nach- und Weiterdenken an. Zum Buch liegen Unterrichtsmaterialien vor.

Alkoholismus / Clique / Jugendliche / Tagebuch

Tielmann, Christian

Millionär für Minuten

Würzburg: Arena 2003 (Arena Taschenbücher)
94 S., brosch., Fr. 10.60, ISBN 3-401-02651-8

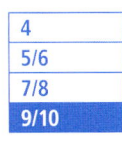

Kilian wohnt in Deutschland. Jeden Mittag passiert er den Zoll, um bei Oma Heidi auf der Schweizer Seite zu Mittag zu essen. Doch heute fallen ihm zwei unheimliche Männer auf, sie tragen Sonnenbrillen und sitzen in einem dunkelroten Ford. Als Kilian dann in seiner Schultasche eine Menge Geld entdeckt, ahnt er Unheil. Und schon sind ihm sowohl die Polizei als auch die finsteren Kerle auf den Fersen. Zur selben Zeit wird Kilians Mutter von der Polizei als Hauptverdächtige festgenommen und in Untersuchungshaft gesetzt. Da kann ihn nur noch Oma Heidis Devise retten: «Wenn's brenzlig wird: Schau nach vorn, nach oben! Nie nach unten». Und Kilian ergreift die Flucht.
Linda ist Kilian bei der Flucht nicht nur eine erstklassige Hilfe, sie verdreht ihm überdies ganz schön den Kopf. In die Geschichte verwickelt ist auch Herr Lehmann, der Anlageberater von Kilians Mutter. Weshalb nur kommt er Kilian so bekannt vor?
Ein unterhaltsamer Krimi und eine zarte Liebesgeschichte.

Hinweise
«Millionär für Minuten» ist eine witzige und durch die zahlreichen Dialogstücke gut lesbare Geschichte.

Kriminalgeschichte / Verlieben

Was ist denn schon dabei?

(Schüler schreiben eine Geschichte über die ganz alltägliche Gewalt. Gemeinschaftsarbeit der Klasse 10a der Ferdinand-Porsche-Realschule in Wolfsburg mit ihrer Deutschlehrerin)
Weinheim: Beltz & Gelberg 1994 (Gulliver Taschenbuch)
124 S., brosch., Fr. 8.80, ISBN 3-407-78183-0

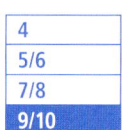

| 4 |
| 5/6 |
| 7/8 |
| **9/10** |

| L |
| **G** |

Die Geschichte beginnt damit, dass die Cliquenmitglieder Markus, Matthias, Joe, Jochen und Stefan beim Diebstahl erwischt werden. Kaufhausdetektiv Bährlapp ertappt sie dabei, wie sie ein paar Turnschuhe klauen wollen. Rache ist angesagt. Das Opfer steht schnell fest: Es ist Bährlapps Sohn Martin. Der hilflose Junge wird von der Clique in der Toilette bedrängt. Die Clique will Geld, und Martin muss sein Sparschwein schlachten. Martin hat Angst, aber er traut sich nicht, jemandem von seinem grossen Kummer zu erzählen.
An einer Schulfete kaufen sich die Jungen mit Martins Geld Alkohol; dann setzen sie noch eins drauf, indem sie Martin abfüllen. Doch dieser Streich endet mit einem Alptraum: Martin verunfallt. Die Folge seines Sturzes, eine schwere Schädelverletzung, ist tödlich.
Eine spannende Geschichte mit viel Zündstoff.

Hinweise
«Was ist denn schon dabei» ist eine Gemeinschaftsarbeit der Klasse 10a der Ferdinand-Porsche-Realschule Wolfsburg mit ihrer Deutschlehrerin. Die Schülerinnen und Schüler setzen sich in ihrer Erzählung mit den Ursachen und Auswirkungen von Gewalt auseinander. Vor- und Nachwort erklären die Entstehung der Erzählung. Das offene Ende fordert zum Weiterdenken auf.
Die umgangssprachlichen Dialoge sind gut lesbar.

Angst / Clique / Mobbing / Schule

Gunzi, Christiane
Tessloffs erstes Buch der Wale und Delfine
Aus dem Englischen von Andrea Mertiny
Illustrationen von Michael Langham Rowe, William Oliver u. Jim Channell
Nürnberg: Tessloff 2002
32 S., geb., Fr. 14.10, ISBN 3-7886-0986-9

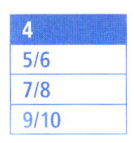

4
5/6
7/8
9/10

Wale kommen in allen Ozeanen vor. Wale – und zur Gruppe der Zahnwale gehören auch die Delfine – zählen zu den faszinierendsten Tieren überhaupt. Dieses Buch stellt in Bild und Text verschiedene Arten vor, darunter besonders grosse wie den Blauwal und den Pottwal, aber auch ungewöhnliche wie den Rundkopfdelfin oder den im Süsswasser lebenden Indus-Delfin. Es erklärt die Funktion der Blaslöcher, zeigt, wovon sich Wale und Delfine ernähren, berichtet über ihre Unterwasser-Sprache, erklärt, wie sie geboren werden, was Barten sind, was unter Blubber, Fluke und Krill zu verstehen ist und weshalb Wale heutzutage in Gefahr sind.

In diesem sehr schön aufgemachten Sachbuch finden Fans der interessanten Säugetiere Antworten auf ihre Fragen.

Hinweise

Ein bebildertes Glossar schliesst das Buch ab. «Wale und Delfine» zeichnet sich durch eine klare Strukturierung aus. Seinem Muster folgen «Tessloffs erstes Buch der schnellsten Flitzer» und «Tessloffs erstes Buch der Ponys».

Delfine / Wale

Dein Körper
Aus dem Englischen von Christiane Burkhardt; Illustrationen (o. Angabe)
Ravensburg: Ravensburger Buchverlag 2003 (Ravensburger Kinderbibliothek)
31 S., geb., Fr. 9.20, ISBN 3-473-35964-5

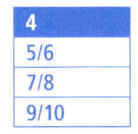

4
5/6
7/8
9/10

Das Buch beginnt mit einer kurzen Darstellung über die Anfänge der Medizin. Die Erkenntnisse der alten Griechen oder auch der Chinesen bilden wichtige Grundlagen der modernen Medizin. In Kapiteln wie «Haut», «Nervenkitzel», «Muskelkraft», «Knochen» und «Gehirn» werden dann einzelne Organe in leicht verständlichen Texten beschrieben und in ihrer Funktion erläutert. So etwa erfährt man, wie Nervenfasern das Tun und Denken eines Menschen steuern oder wie und weshalb ein gebrochener Knochen heilen kann. Besondere Aufmerksamkeit wird den Sinnen geschenkt.

«Dein Körper» ist ein anregendes Sachbuch, das Neugier weckt und Fragen rund um den Körper aufwirft.

Hinweise

Die «Ravensburger Kinderbibliothek» ist eine Sachbuchreihe für Kinder. Eine große Schrift, kurze Texte und zahlreiche Illustrationen helfen beim Lesen und Verstehen. Am Schluss des Buches finden sich Worterklärungen. In derselben Reihe sind folgende Titel erschienen: «Haie und Rochen», «Indianer», «Sterne und Planeten», «Vulkane» und «Wilde Tiere».

Körper

Ballinger, Erich
Tooor!
Alles, was du über Fußball wissen willst; Illustrationen vom Autor
Wien: Betz 2002
32 S., geb., Fr. 18.50, ISBN 3-219-11000-2

4
5/6
7/8
9/10

Das Sachbuch informiert umfassend zum Thema Fußball: Wie schießt und wie verhindert man Tore, welche Regeln müssen die Spielerinnen und Spieler befolgen und was ist die Aufgabe eines Schiedsrichters? Fußballbegeisterte erfahren auch etwas über die Größe eines Fußballfeldes, wie man Fußballtabellen in den Zeitungen entschlüsselt und wie die Abseitsregel wirklich funktioniert.
Ein locker und witzig geschriebenes Buch sowohl für angehende Fußballfans als auch für erfahrene Kicker und Kickerinnen.

Hinweise
«Tooor!» informiert in einfacher Sprache über alle Regeln und Fachbegriffe rund um den Fußballsport und gibt viele nützliche Tipps für das Spiel mit Freunden und Freundinnen. Besonders wertvolle Tipps sind in Kästchen hervorgehoben. Hilfreich und anschaulich sind die gut verständlichen Begriffserklärungen im Bild. Die vielen humorvollen Illustrationen erleichtern das Textverständnis. Im Text finden sich einige österreichische Ausdrücke.

Fußball

Gorton, Julia
Bildatlas für Kinder
Aus dem Englischen von Isabel Sterner; Illustrationen von Nicholas Price
Würzburg: Arena 2002
45 S., geb., Fr. 19.50, ISBN 3-401-05289-6

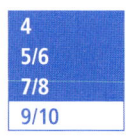

4
5/6
7/8
9/10

Der «Bildatlas für Kinder» zeigt farbenfrohe Kartenausschnitte der ganzen Welt. Das Buch beginnt mit der Frage, was überhaupt eine Karte ist, und was man tun muss, damit ein großes Gebiet auf eine Karte passt. Die Übersichtskarten zeigen einzelne Gebiete der verschiedenen Kontinente. Jede Karte ist mit Symbolen versehen: Sie zeigen, wie die Menschen leben und arbeiten, was sie essen, welche Sportarten sie treiben, welche Spiele sie spielen, und welche Pflanzen und Tiere in dem Gebiet leben. Eine Textspalte gibt Auskunft über das dargestellte Gebiet; den Kästchen kann man zusätzliche Informationen entnehmen, z. B. zum Faultier in Südamerika.
Der «Bildatlas für Kinder» ist Wissensvermittlung auf unterhaltsame Weise.

Hinweise
Landkarten mit unzähligen Einzelheiten, informative Texte und ausgewählte Fotos sind zu einem Bildatlas zusammengefügt, der die verschiedenen Länder der Erde detailliert vorstellt. Hie und da findet man ein Quiz, das Leserinnen und Leser dazu anregen soll, die Landkarte genauer anzusehen. Im Anhang befindet sich ein hilfreiches Register.

Atlas / Geografie

Lord, Trevor

Das Riesenbuch der Rennautos

Die schnellsten Flitzer der Welt
Aus dem Englischen von Eva Schweikart; Illustrationen von Richard Leeney
München: Dorling Kindersley 2002
32 S., geb., Fr. 22.60, ISBN 3-8310-0261-4

| 4 |
| 5/6 |
| 7/8 |
| 9/10 |

Im «Riesenbuch der Rennautos» werden schnelle Superflitzer vorgestellt: CART, NASCAR, Tourenwagen, Dragster, Superbike, Renntruck, Enduro, Baja Buggy und andere. Die Doppelseiten sind jeweils gleich aufgebaut: Das Fahrzeug ist in der Mitte abgebildet, die verschiedenen Teile sind beschriftet und die Funktion der Teile wird erklärt. Bei jedem Rennauto wird vermerkt, wo die entsprechenden Rennen abgehalten werden. Auch die Besonderheiten der einzelnen Fahrzeuge werden hervorgehoben. Die Abbildungen zeigen bekannte Fahrzeuge wie Formel-1-Wagen, die technisch am weitesten entwickelt sind, aber auch spezielle wie die Schneemobile, mit denen im Norden der USA und in Kanada Rennen durchgeführt werden. Abgeschlossen wird das Buch mit einer Übersicht über die Rennklassiker.
Ein informatives Sachbuch für alle Rennauto-Begeisterte.

Hinweise
Der jeweils gleiche Aufbau der Seiten erleichtert das Lesen. Am Ende des Buches findet sich ein nützliches Glossar. In derselben Reihe sind folgende Titel erschienen: «Das Riesenbuch der Insekten» und «Das Riesenbuch der Flugzeuge».

Ralleysport / Sportwagen

Simpson, Judith

Indianer

Aus dem Englischen von Hans Peter Thiel u. Marcus Würmli; Illustrationen von Helen Halliday
Ravensburg: Ravensburger Buchverlag 2002
64 S., geb., Fr. 17.80; ISBN 3-473-35946-7

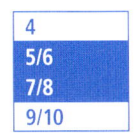

| 4 |
| 5/6 |
| 7/8 |
| 9/10 |

Das Sachbuch «Indianer» gibt Auskunft über die Ureinwohner Amerikas, ihre Geschichte und die Siedlungsgebiete. Man erfährt etwas über das Sozialleben der Indianer, etwa wie Kinder erzogen wurden, wie das Hochzeitsritual durchgeführt wurde und wie die Namensgebung vor sich ging. Man erhält Einblick in ihren Alltag, beispielsweise wie ihre Kleider aussahen, welche Spiele sie spielten und wie ein Tipi von innen aussah. Auch der Frage nach dem Essen wird nachgegangen: Was die Indianer anbauten, wie sie auf Büffel- und Fischjagd gingen und wie sie ohne Strom, Gas und Kühlschrank kochen konnten. Besonders eindrücklich sind die Rituale: Auf einer Seite werden Totems, Masken und Katschinas vorgestellt und es wird erklärt, was eine Friedenspfeife ist. Das letzte Kapitel ist mit «Ankunft der Bleichgesichter» betitelt; es wirft die Problematik der Indianer nach 1492 auf. Mit Indianern, die in die Geschichte eingegangen sind, endet das Buch. Ein Sachbuch mit detailreichen Abbildungen, die die Neugier wecken.

Indianer

Hinweise
«Indianer» lässt sich gut im Unterricht einsetzen. Im Anhang werden Fachbegriffe erklärt. Für jüngere Kinder empfiehlt sich das gleich aufgebaute Buch «Indianer» aus der Reihe «Ravensburger Kinderbibliothek» (ISBN 3-473-35966-1).

Holland, Simon

Flüsse und Seen

Aus dem Englischen von Wiebke Krabbe; Illustrationen (o. Angabe)
Starnberg: Dorling Kindersley 2003 (Die Welt erleben und verstehen)
48 S., geb., Fr. 17.40, ISBN 3-8310-0418-8

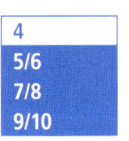

4
5/6
7/8
9/10

In der Landschaft zeigt sich Wasser in vielfältigen Formen: als reißender Strom, rauschender Wasserfall, glasklarer Bergsee. Dieser Band erklärt, wie Flüsse und Seen entstehen, welche unterschiedlichen Eigenschaften sie haben und welche Pflanzen und Tiere in und an ihnen leben. Auf Doppelseiten wird erklärt, wie der Wasserkreislauf der Erde funktioniert oder wie sich ein Fluss von seiner Quelle bis zur Mündung entwickelt und verändert. An Flüssen und Seen lebende Tiere werden vorgestellt, wie sie am oder unter Wasser leben, wie und wovon sie sich ernähren oder welche besonderen Fähigkeiten sie besitzen. Außerdem wird gezeigt, wie der Mensch Flüsse oder Seen nutzt und verändert, beispielsweise durch den Bau von Flutsperren gegen das Hochwasser.

Ein informatives Sachbuch, das viel spannendes Wissen vermittelt.

Hinweise
«Flüsse und Seen» bringt Leserinnen und Lesern in leicht verständlicher Form und lebhaften Beschreibungen die Natur nahe. Ganzseitige, farbenprächtige Fotos liefern Informationen sowohl zu den Gewässern, als auch zu den darin lebenden Tieren und Pflanzen. Schwierige Begriffe werden im Glossar erklärt, und am Schluss des Buches befindet sich ein hilfreiches Register. In derselben Reihe sind «Dinosaurier», «Die Erde», «Große Katzen», «Insekten», «Leben im Meer», «Der Mensch», «Regenwald», «Reptilien», «Säugetiere», «Vögel» und «Weltraum» erschienen.

Fluss / Mensch / See / Tiere / Umwelt

Kentley, Eric
Die Geschichte der Titanic
Aus dem Englischen von Anne Braun; Illustrationen von Steve Noon
Mannheim: Bibliographisches Institut 2002
32 S., geb., Fr. 12.90, ISBN 3-411-07421-3

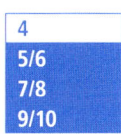

4
5/6
7/8
9/10

Der Luxusdampfer Titanic hat traurige Berühmtheit erlangt. Fast 1500 Menschen kamen beim Untergang des Schiffs 1912 ums Leben. Zu Beginn des Buches werden der Kapitän, Edward John Smith, und fünf Mitreisende vorgestellt, darunter die Modeschöpferin Lady Duff Gordon. Dann wird vom Bau des Luxusdampfers berichtet; der Bau wird auf einer Doppelseite illustriert. Einzelne Teile des gigantischen Schiffskörpers sind beschriftet. Auf den folgenden Seiten werden weitere Längsschnitte des Schiffs gezeigt. Man sieht die Einrichtung, erfährt wie die Vorräte an Bord gebracht werden, und schließlich sieht man die einsteigenden Passagiere. Eine Abbildung veranschaulicht, wie ein Tag an Bord ausgesehen haben mag: Einige Passagiere trinken Tee, andere turnen im Gymnastikraum, wieder andere unterhalten sich im Empfangssalon oder flanieren auf dem Promenadendeck; abends wird nach Klassen getrennt gespeist. Die ahnungslosen Passagiere schlafen, als das Schiff auf die Katastrophe zusteuert. Panik bricht aus, als das Schiff auf den Eisberg aufläuft, und nur wenige können sich in den Rettungsbooten über Wasser halten. Doch damit ist das Buch nicht zu Ende. Man erfährt auch, wie die Überlebenden in Sicherheit gebracht werden und was aus den zu Beginn vorgestellten Personen geworden ist. Auch die Frage nach der Schuld wird aufgeworfen, und schließlich wird berichtet, wie die Suche nach dem Wrack in Angriff genommen wurde.

Ein spannendes Sachbuch über ein tragisches Ereignis.

Hinweise
Die Leserinnen und Leser erhalten Einblick in die Lebenswelt der Jahrhundertwende sowie in den Bau und die technische Ausrüstung des Dampfers. Die Doppelseiten zeigen anschaulich verschiedene Aspekte der Titanic. Einzelne Personen, Zimmer und Schiffsteile sind beschriftet. Am Rand findet man zusätzliche Informationen. Kleine Suchbilder motivieren, ein Bild jeweils genau anzuschauen.

Jahrhundertwende 1900 / Schiffsuntergang / Titanic

Ransford, Sandy
Pferde & Ponys
Reiten lernen
Aus dem Englischen von Simone Wiemken; Illustrationen von Bob Langrish
Nürnberg: Tessloff 2003 (Tessloffs Welt der Pferde)
64 S., geb., Fr. 24.70, ISBN 3-7886-1014-X

4
5/6
7/8
9/10

In «Pferde & Ponys» werden Reitstunden empfohlen, und es wird gezeigt, was man in einer Reitstunde lernen kann. Neben der Reitkleidung erfährt man Wissenswertes über die Pferdeausrüstung. Wichtig ist aber in erster Linie die Beziehung zwischen Mensch und Tier. Pferde sind freundliche, aber auch ängstliche Tiere. Das Buch enthält Tipps für den Umgang mit Pferden und Ponys. Neben dem Auf- und Absteigen werden anhand von Bildfolgen auch Schritt, Trab und Galopp erklärt. Und wer hätte gedacht, dass man auf dem Pferd auch Gymnastik machen kann? Selbst geübte Reiterinnen und Reiter können bei diesem Buch dazulernen, sei es beim Thema Springen oder sei es beim Thema Dressurreiten.

Eine umfassende Einführung für alle Pferdebegeisterte, die richtig reiten lernen wollen!

Hinweise
Im Anhang findet sich ein Glossar mit allen Fachbegriffen. Fotografien vermitteln die Informationen praxisnah, und die Bildfolgen sind so gestaltet, dass man den Vorgang nachvollziehen kann. In der Reihe «Tessloffs Welt der Pferde» liegen weitere Titel vor: «Pferde & Ponys: Haltung, Gesundheit und Pflege» und «Pferde & Ponys: Reitsport, Pflege und Rassen».

Pferd / Pony / Reiten

Bei den Dinosauriern
Aus dem Englischen von Michael Schmidt; Illustrationen (o. Angabe)
Ravensburg: Ravensburger Buchverlag 2001 (Welt des Wissens)
49 S., geb., Fr. 11.90, ISBN 3-473-35938-6

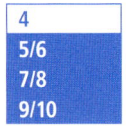

4
5/6
7/8
9/10

Das Sachbuch beschreibt, was Dinosaurier sind, wann sie lebten und welche Arten unterschieden werden. Zunächst wird erläutert, wie man überhaupt zu Wissen über die Dinosaurier gelangt, was ein Fossil ist, wie Fundstücke ausgegraben und wie sie zu Skeletten oder Skelettteilen zusammengesetzt werden. Stellvertretend für andere Arten wird auf einer Doppelseite der Tyrannosaurus Rex, der Liebling der Kinder, näher beschrieben. Zugleich wird ein Überblick über die verschiedenen Arten vermittelt: Neben den riesigen Vegetariern und den ungeheuren Fleischfressern wird zwischen Dinosauriern, die auf dem Land lebten, Flugsauriern (Pterosaurier) und Meeresschwimmern (Ichthyosaurier) unterschieden. Das Buch schließt mit der bislang unbeantworteten Frage, weshalb die Dinosaurier ausgestorben sind.
Ein Buch für alle Dinosaurierfans.

Hinweise

Das Sachbuch beginnt mit einem einladend bebilderten Inhaltsverzeichnis. Im Anhang finden sich ein Stichwortverzeichnis und ein hilfreiches Register.

In der Reihe «Welt des Wissens» sind folgende Titel erschienen: «Das große Buch der Fahrzeuge», «Mein Körper», «Kinder-Weltatlas», «Tiere der Wildnis», «Meere und Ozeane», «Natur und Technik», «Unsere Erde», «Das große Buch der Technik», «Faszination Weltall», «Die Welt der Tiere» und «Sport» (s. u.).

Dinosaurier

Sport

Aus dem Englischen von Sibylle Schneider; Illustrationen (o. Angabe)
Ravensburg: Ravensburger Buchverlag 2001 (Welt des Wissens)
49 S., geb., Fr. 11.90, ISBN 3-473-35935-1

| 4 |
| 5/6 |
| 7/8 |
| 9/10 |

Das Sachbuch «Sport» gibt Auskunft über unterschiedliche Sportarten. Auf Doppelseiten wird jeweils je eine der folgenden Sportarten vorgestellt: Laufen, Zehnkampf, Turnen, Kampfsport, Bogenschießen, Golf, Tennis, Basketball, Fußball, Rugby, Baseball, Eishockey, Eiskunstlauf, Skisport, Reiten, Radsport, Motorsport, Schwimmen, Rudern und Windsurfen.

In dem Buch sind Regeln und Techniken erwähnt, Abläufe werden erklärt und die Ausrüstung wird erläutert. Außerdem wird auf verwandte Sportarten hingewiesen. So erfährt man etwa, wie der Stabhochsprung funktioniert, was man zum Turnen braucht, wie ein Fußball hergestellt wird, was ein gelbes, ein rotgepunktetes und ein grünes Trikot der Radfahrer bedeutet und vieles mehr. Ein informatives Sachbuch für alle Sportbegeisterten.

Hinweise

In «Sport» ist die Auswahl an Sportarten so vielfältig, dass Jugendliche bestimmt ihre Lieblingssportart finden. Die Texte sind von hohem Informationsgehalt, leicht verständlich und spannend geschrieben. Skizzen zeigen Bewegungsabläufe, die zur Nachahmung einladen. Das Buch muss nicht von Anfang bis Schluss gelesen werden, am besten beginnt man mit der Lieblingssportart. Das Buch regt zum Weiterschmökern an. In der Reihe «Welt des Wissens» liegen folgende Titel vor: «Das große Buch der Fahrzeuge», «Mein Körper», «Kinder-Weltatlas», «Tiere der Wildnis», «Meere und Ozeane», «Natur und Technik», «Unsere Erde», «Das große Buch der Technik», «Faszination Weltall», «Die Welt der Tiere» und «Bei den Dinosauriern» (s. S. 80).

Sport

Beggs, Karen

Elvis Presley

Aus dem Englischen von Peter Budweg und Marie-Thérèse Schins; Illustrationen (o. Angabe)
Stuttgart: Klett-Verlag 1994
48 S., brosch., Fr. 12.–, ISBN 3-12-554770-9

4
5/6
7/8
9/10

S

Elvis Presley zählt zu den größten Rockstars aller Zeiten. Er hat Millionen von Menschen mit seiner Musik begeistert. Er gilt als Vater des Rock 'n' Rolls. Elvis war – und ist – für viele Musiker ein Vorbild. Die vorliegende Biografie schildert Elvis Presleys traumhaften Aufstieg zum «King», sie erzählt von seinen vielen weiblichen Fans, von seiner Ess- und Tablettensucht und seinem Karriereabstieg. Ein Liedtext («That's All Right») ist auf Deutsch und Englisch abgedruckt. Informationen zu seiner Wirkungsgeschichte ergänzen die Biografie.

Ein kurzweiliges Lesevergnügen über den «König des Rock 'n' Rolls».

Hinweise

«Elvis Presley» ist ein Buch aus dem Spezialangebot (s. Erläuterungen). Der Text richtet sich an Jugendliche und Erwachsene. Die Kurzbiografie ist einfach geschrieben, gut lesbar und mit zahlreichen Fotos versehen. In derselben Art liegen auch Biografien von Tina Turner und von Madonna (s. S. 85). vor.

Biografie / Elvis Presley / Rock 'n' Roll / Sänger

Breuel-Steffen, Malis / Wagener-Drecoll, Monika

Tausendmal gerührt …

Kochen von Anfang an; Illustrationen von Freia Weiss
Stuttgart: Klett-Verlag 2000
48 S., brosch., Fr. 13.70, ISBN 3-12-554850-0

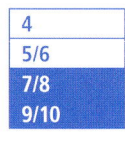

4
5/6
7/8
9/10

S

Das Buch enthält verschiedene Kochvorschläge wie Tomatenbrot oder gemischten Salat, Kartoffelauflauf oder Tsatsiki, und auch für Süßspeisen gibt es Rezepte. Dabei wird erklärt, wie das Rezept zubereitet werden muss und welche Küchengeräte gebraucht werden.
Ein Buch, das Lust auf Kochen – und Lesen – weckt.

Hinweise

«Tausendmal gerührt» ist ein Buch aus dem Spezialangebot (s. Erläuterungen). Das Kochbuch enthält viele umgangssprachliche Wendungen. Was den Geschmack betrifft, sind einige Rezepte wohl eher für Erwachsene gedacht (Rosenkohleintopf!). Die Kochvorschläge sind einfach zu lesen, und die Bildfolge regt den «Appetit» auf die kurzen Begleittexte an. Die Rezepte können nur nachgekocht werden, wenn sie verstanden worden sind, Lesen und Verstehen ist hier besonders wichtig. Am Schluss hat es Platz, um ein eigenes Rezept aufzuschreiben.

Kochen

Graham, Ian

Abenteuer Technik

Aus dem Englischen von Hans Peter Thiel u. Marcus Würmli; Illustrationen von Colin Brown
Ravensburg: Ravensburger Buchverlag 2002 (Alles was ich wissen will)
63 S., geb., Fr. 17.80, ISBN 3-473-35944-0

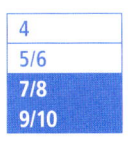

4
5/6
7/8
9/10

«Abenteuer Technik» zeigt, dass Technik nicht abstrakt zu sein braucht, sondern mit alltäglichen Gegenständen veranschaulicht werden kann. Zu Beginn werden verschiedene Energiequellen vorgestellt: Wind-, Wasser- und Sonnenkraft werden mit einer Windmühle, einem Staudamm und Solarzellen illustriert. Mit dem Begriff «Maschine» kann beispielsweise eine Uhr bezeichnet werden, aber auch im Büro gibt es Maschinen, etwa Heftmaschinen und Faxgerät. Ja sogar Haftnotizzettel bergen ein technisches Geheimnis. Vielseitige und unverzichtbare Helfer sind die Computer. Die Welt ist kleiner geworden; heute ist es möglich, über große Distanzen Verbindungen herzustellen. «Abenteuer Technik» zeigt die Entwicklung vom Telefon bis zum Handy und erklärt, wie über Satelliten im Weltall Nachrichten gesendet werden können. Ein weiteres Kapitel behandelt Technik in den Bereichen Freizeit und Unterhaltung. Dort erfährt man, was es mit der Kamera auf sich hat, wie ein Schnappschuss entsteht und wie das Auge im Kino überlistet wird. CD-Player und Walkman werden erklärt, aber auch, wie bei einem Klavier Töne hervorgebracht werden. Zum Schluss werden Naturgesetze wie beispielsweise Luftdruck, elektromagnetische Wellen, Lichtbrechung und Magnetismus erklärt.

Eine leicht verständliche Einführung in die Welt der Technik.

Hinweise

In Kästchen werden einzelne Gegenstände genauer erläutert, z. B. Solarzellen, Diskettenlaufwerke oder Linsen. Manchmal findet man auch einen Tipp, wie etwas gebaut werden kann, z. B. wie man mit einem Ballon eine Rakete baut oder einen Flaschenzug herstellt.

Alltagswissen / Technik

Lamarque, Philippe / Beaumont, Emilie

Ägypten

Was Kinder erfahren und verstehen wollen
Aus dem Französischen von Friederike Spatz u. Pascal Froger; Illustrationen von Artists Linden
Saarbrücken: Fleurus 1999 (Wissen mit Pfiff)
27 S., geb., Fr. 14.–, ISBN 3-89717-087-6

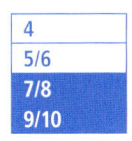

4
5/6
7/8
9/10

Das Sachbuch berichtet über die vor 5000 Jahren entstandene Hochkultur in Ägypten. Eine Karte mit Bildsymbolen zeigt, wo sich wichtige Zeugen der Kultur, etwa die Pyramiden oder der Tempel von Luxor, befinden. Es beleuchtet das tägliche Leben – Kleider, Handwerk, Fischfang und Jagd – sowie Feste und Rituale, wobei dem zeremoniellen Umgang mit den Toten besondere Beachtung geschenkt wird. Außerdem werden neben dem Pharao, der als Sohn des Sonnengottes gilt, einige der rund 2000 Gottheiten vorgestellt. Die Pyramiden sind auf einer Doppelseite ausführlich beschrieben.

Das Buch endet mit einer kurzen Darstellung der heutigen Forschungslage. Trotz moderner Technik können viele Fragen nicht beantwortet werden.

Ein Buch über die geheimnisvolle Welt einer alten Kultur.

Hinweise
Zum Buch gehören zwei Bilderbogen zum Ausschneiden und Sammeln. In der Reihe «Wissen mit Pfiff» sind außerdem folgende Titel erschienen: «Raumfahrt», «Eisenbahnen», «Bäume», «Wetter», «Die Griechen» u. a.

Ägypten / Geschichte / Pharao / Pyramide

Mitchell, David

Lust auf asiatischen Kampfsport

Aus dem Englischen von Günther Görtz, Illustrationen (o. Angabe)
Stuttgart: Pietsch 2000
65 S., geb., Fr. 21.10, ISBN 3-613-50290-9

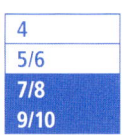

| 4 |
| 5/6 |
| **7/8** |
| **9/10** |

Das Sachbuch macht seine Leserinnen und Leser mit Kampfsportarten aus Japan, China und Korea bekannt. Auf den ersten Doppelseiten wird das aus Japan stammende Judo erklärt. In Bildfolgen werden zum Beispiel Wurftechniken wie Beinwurf, Hüftwurf und Schulterwurf veranschaulicht. Es folgen Jujutsu, das übersetzt die «sanfte Kunst», und Aikido, das übersetzt «harmonischer Weg» bedeutet. Bei Karate werden wiederum Grundtechniken, Tritte und freie Partnerübungen auf je einer Doppelseite erklärt. Auch weniger bekannte Kampfsportarten wie Kendo, Kobudu und Iaido finden im Buch Platz. Zusätzlich zu den japanischen Kampfsportarten werden das koreanische Taekwondo und das chinesische Kung-Fu vorgestellt.

Eine Lektüre, die tatsächlich die «Lust auf asiatischen Kampfsport» weckt.

Hinweise
Die Erklärungen sind gut verständlich, und Fotos veranschaulichen die Bewegungsabläufe. Im Anhang finden sich ein Glossar und Adressen einiger Kampfsport-Schulen in Deutschland, Österreich und der Schweiz. Viele asiatische Kampfsportarten zeigen, wie man ohne Gewalt auf Gewalt reagieren kann. Im Kampfsport können Jugendliche ihr Selbstvertrauen stärken. Empfehlenswert sind auch die in derselben Reihe erschienenen Titel «Lust auf Snowboarden», «Lust auf Inline Skating», «Lust auf Turnen» und «Lust auf Eiskunstlauf».

Asien / Kampfsport

Preston, Kate / Michael, Mick St.

Madonna

Aus dem Englischen von Peter Budweg und Marie-Thérèse Schins; Illustrationen (o. Angabe)
Stuttgart: Klett-Verlag 1992
47 S., brosch., Fr. 12.–, ISBN 3-12-554750-4

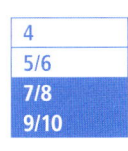

4
5/6
7/8
9/10

S

Madonna, eine der erfolgreichsten Frauen der internationalen Pop-Szene, sorgt immer wieder für Überraschung und Provokation. Das Buch schildert ihre aufregende Lebensgeschichte – wie die Popwelt sie veränderte und wie sie außerhalb des Glamours wirklich ist. Zwei Liedtexte in Deutsch und Englisch sind abgedruckt («Like a Virgin», «Material Girl») und Zitate von ihr ergänzen die Biografie. Für alle Pop-Fans – Madonna nicht nur zum Hören!

Hinweise

«Madonna» ist ein Buch aus dem Spezialangebot (s. Erläuterungen). Die Kurzbiografie des exzentrischen Popstars ist einfach geschrieben und gut zu lesen. In derselben Art liegen auch Biografien von Tina Turner und von Elvis Presley (s. S. 82) vor.

Biografie / Madonna / Pop / Sängerin

Rhyner, Thomas

Starke Männer

Illustrationen von Stefan Peter
Zürich: Schweizerisches Jugendschriftenwerk SJW 2002
48 S., brosch., Fr. 4.90, Nr. 2179

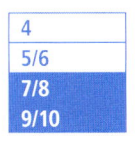

4
5/6
7/8
9/10

«Starke Männer» enthält sechs Biografien. Zu Wort kommen ein Lastwagenmechaniker, ein TV-Moderator, ein Flüchtling, ein Fitnessweltmeister, ein Schriftsteller und ein Hausmann. Sie alle erzählen aus ihrem Leben und von ihrer Entwicklung vom Jungen zum Mann. Ergänzt werden die Lebensgeschichten durch kurze «Männerinterviews». Ein interessanter Bericht über unterschiedliche Männerleben.

Hinweise

Die Biografien regen an, über das eigene Leben und die eigene Zukunft nachzudenken. Ein Nachwort zu den Porträts sowie Interviewfragen animieren die Leser, selber Interviews durchzuführen. Das Textverständnis wird durch zahlreiche Fotos unterstützt; die Fotos wecken das Interesse, etwas über die beschriebenen Personen zu erfahren. Das Heft kann direkt beim Bücherdienst in Einsiedeln bezogen werden (Tel. 055/418 89 22).

Biografie / Interview / Mann

Kinder dieser Welt

In Zusammenarbeit mit UNICEF
Aus dem Englischen von Cornelia Panzacchi; Illustrationen (o. Angabe)
Starnberg: Dorling Kindersley 2003
127 S., geb., Fr. 25.80, ISBN 3-8310-0469-2

4
5/6
7/8
9/10

Das Buch geht der Frage nach, was Kinder zum Überleben überhaupt brauchen und welche Grundrechte sie haben. Diese werden unter den Stichwörtern «Wasser», «Nahrung», «ein Zuhause» und «Gesundheit» erläutert. Unter dem Stichwort «Wasser» wird beispielsweise erklärt, weshalb Wasser kein selbstverständliches Gut ist und wie die Wasserversorgung in einigen Ländern funktioniert. Weitere Kapitel sind «Entwicklung», «Schutz» und «Beteiligung». Am Ende eines Kapitels wird jeweils ein Kind vorgestellt, das von seinen Erfahrungen berichtet.
«Kinder aus dieser Welt» zeigt Kinder aus unterschiedlichsten Kulturen.

Hinweise
Auch wenn die aufgegriffenen Themen ernst sind, ist «Kinder dieser Welt» keineswegs ein bedrückendes Buch. Immer wieder kommen die Kinder selbst zu Wort, was die Lektüre besonders lebendig macht. Neben den Bildern stehen kurze Texte und Zitate der Kinder. Das Sachbuch öffnet die Augen für Unterschiede und Gemeinsamkeiten zwischen den verschiedenen Kulturen. «Kinder dieser Welt» weckt das Interesse an fremden Völkern und Lebensweisen.

Alltag / multikulturelle Gesellschaft / Kind

Coudray, Philippe

Barnabas, der Bär: Große Klasse

Band 1
Carlsen: Hamburg 1999 (Comics für Kids)
32 S., brosch., Fr. 7.20, ISBN 3-551-73791-6

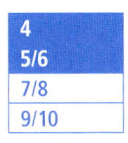

| 4 |
| 5/6 |
| 7/8 |
| 9/10 |

Barnabas ist ein Bär, der mit seinen Freunden, dem Hasen, dem Igel und dem Dachs, nahe am Gebirge wohnt. Barnabas sucht grundlegende Antworten auf grundlegende Fragen und entwickelt dabei die unkonventionellsten Sichtweisen. Zum Beispiel zerschlägt er den Spiegel, weil er sich hässlich findet, sieht sich aber leider in den Scherben um ein Vielfaches gespiegelt. Oder er klettert auf einen Baum, und stellt bei den zarten Blattspitzen fest: «Je mehr er wächst, umso jünger wird er». Immer wieder verblüfft Barnabas die Leserinnen und Leser mit seinen außergewöhnlichen Überlegungen.

Hinweise

Der Nachfolgeband von «Barnabas der Bär: Große Klasse» heißt «Barnabas der Bär: Bärenstark». Barnabas ist ein philosophischer Bär, dessen Ideen nicht nur Kinder, sondern auch Erwachsene zum Schmunzeln bringen.

Bär / Humor / Tiere

Derib / Job

Der Geisterbär

Aus dem Französischen von Marcel Le Comte
Hamburg: Carlsen 2001 (Yakari; 24)
48 S., brosch., Fr. 14.30, ISBN 3-551-01928-2

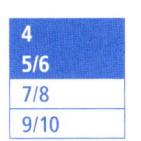

| 4 |
| 5/6 |
| 7/8 |
| 9/10 |

Der Indianerjunge Yakari verfügt über eine ganz besondere Fähigkeit: Er kann mit den Tieren sprechen. Deshalb sind auch alle Tiere seine Freunde und helfen ihm, wenn er in Not gerät. Gemeinsam mit seinem Pony «Kleiner Donner» bestreitet er so manches Abenteuer, und in jedem stellt er seinen Scharfsinn und seinen Mut unter Beweis.
Im vorliegenden Band lernt Yakari einen weißen Grislibären kennen. Die weiße Farbe stempelt den Bären zum Außenseiter, und Yakaris Einfallsreichtum ist gefragt, wenn er den Bären vor Feinden schützen und ihm ein normales Leben ermöglichen will.
Eine spannende und liebevoll erzählte Comicserie für Kinder.

Hinweise

Die Geschichte greift da und dort auf indianische Mythen zurück. Yakari lebt in Einklang mit der Natur; seine Naturverbundenheit vermag das Verhältnis der Leserinnen und Leser zur Natur zu sensibilisieren. Inzwischen liegen bereits 26 Bände mit Geschichten über Yakari vor.

Indianer / Junge / Natur / Tiere

Miyazakis, Hayao
Prinzessin Mononoke
Der Comic zum Film; Band 1
Aus dem Japanischen von Junko Iwamoto-Seebeck und Jürgen Seebeck
Hamburg: Carlsen 2000
144 S., brosch., Fr. 10.80, ISBN 3-551-74151-4

4
5/6
7/8
9/10

Ashitaka gehört dem Volk Emishi an. Bei einem Kampf fügt er dem Rachegott in der Gestalt eines Wildschweins eine tödliche Wunde zu. Das sterbende Tier verhängt einen Fluch über Ashitaka und die Menschheit. Da macht sich der Todgeweihte entschlossen auf den Weg, um sich selbst und die Menschen von dem Fluch zu befreien. Auf dieser beschwerlichen Reise lernt Ashitaka Lady Eshoby kennen, die eine Eisenhütte aufgebaut hat und Waffen herstellt. Sie und ihr Volk werden von der Wolfsgöttin Moro immer wieder angegriffen. Unter den Wölfen lebt die von den Menschen verstoßene San. Ashitaka erfährt, dass es sich bei dem Wolfskind San um Prinzessin Mononoke handelt. In den Fortsetzungsbänden lernt man Mononoke näher kennen. «Prinzessin Mononoke» bietet durch die ungewöhnliche Leserichtung von hinten nach vorn ein spezielles Comicvergnügen.

Hinweise
«Prinzessin Mononoke» ist ein philosophisches Märchen aus Japan, das den Konflikt zwischen Natur und Zivilisation thematisiert. Der Manga-Comic orientiert sich am gleichnamigen Film. Auf diesen ersten Band folgen drei weitere. Die von hinten nach vorn zu lesenden Mangas sind unter Kindern und Jugendlichen sehr beliebt. Die Leseanleitung findet man auf der ersten Seite. Neben den Comics sind das «Buch zum Film», sowie die Verfilmung auf Videokassette erhältlich.

Abenteuer / Japan / Manga / Märchen / Verlieben

Peyo
Susis Geheimnis
Aus dem Französischen von Marcel Le Comte
Carlsen: Hamburg 2000 (Benni Bärenstark; 11)
48 S., brosch., Fr. 14.30, ISBN 3-551-02072-8

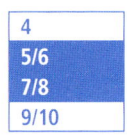

4
5/6
7/8
9/10

Benni Bärenstark wohnt in Piepenhausen, einer idyllischen Kleinstadt. Benni heißt nicht nur «Bärenstark», sondern er ist es auch. Er ist geschwind wie der Wind, er kann über Häuser springen und Autos in die Höhe stemmen. Nur glaubt ihm das niemand, und es gelingt ihm nie ganz, seine Bärenkräfte nachzuweisen.

In diesem Band trifft Benni auf ein Mädchen, das genauso stark ist wie er, sich aber alles andere als vorbildlich verhält. Kein Wunder, dass es zu Streitigkeiten kommt, als die beiden im Ferienlager wieder aufeinander treffen.
Ein starker Comic mit starken Helden.

Hinweise
Leider ist die Schrift der Texte in den Sprechblasen etwas zu klein. Inhaltlich ist der Comic gut verständlich. Zur Zeit liegen 12 Bände mit Geschichten von Benni Bärenstark vor.

Abenteuer / Junge / Mädchen

Barks, Carl
Comics von Carl Barks
Aus dem Amerikanischen von Erika Fuchs
Stuttgart: Egmont Ehapa 2000 (Barks Library; 46)
56 S., brosch., Fr. 16.90, ISBN 3-7704-1945-6

4
5/6
7/8
9/10

Der vorliegende Band umfasst fünf Geschichten aus den Jahren 1962 bis 1963. In der ersten Geschichte versucht die Hexe Gundel Gaukeley mit Hilfe eines hypnotisierten Raben an Dagoberts Glückspfennig zu kommen. In «Die Eigenprüfung» bewirbt sich Donald als Förster und muss sich einer Prüfung unterziehen. Dummerweise nickt er beim Schafe-Zählen immer wieder ein. In einer anderen Geschichte trifft sich Donald mit seinem jähzornigen Vetter Wastl und wird in einen Streit zwischen Wastl und dessen Konkurrenten Peppi verwickelt. In der letzten Geschichte soll Donald ein Hotel eröffnen, was er auch ganz gut macht, wären da nicht so unangenehme Gäste.

«Comics von Carl Barks» ist ein gelungener Querschnitt von Donald Duck-Geschichten.

Hinweise
In der Reihe «Barks Library» wurden alle Stories abgedruckt, die Carl Barks von 1943 bis 1966 geschaffen hat. «Comics von Carl Barks» ist ein Teil dieses Gesamtwerkes. Auf den ersten Seiten findet man ein Vorwort, in dem Leben und Werk von Carl Barks kurz umrissen werden. Dieses Vorwort ist allerdings in sehr kleinem Schriftgrad gesetzt und anspruchsvoll zu lesen.

Abenteuer / Disney / Entenhausen

Sieger, Ted / Sutter, Liz

Klasse Muheim, es bleibt einem nichts erspart

Band 2; Text von Liz Sutter
Zürich: Edition Moderne 1998
40 S., geb., Fr. 29.80, ISBN 3-907055-10-1

4
5/6
7/8
9/10

Die Klasse Muheim ist eine Schulklasse, wie sie überall vorkommen könnte. Melchior Muheim, der Lehrer, gibt Sätze von sich, die direkt aus dem Schulalltag stammen. Muheim glaubt zwar an das Gute, aber hat es nicht immer leicht. Manchmal zweifelt er an sich und an seinen Fähigkeiten, doch die Kinder mag er trotzdem gern.

Im vorliegenden Band steht eine neue Schülerin vor der Tür: Daisy Roquefort, eine Französin. Den Jungen gefällt die modisch gekleidete Neue, den Mädchen dagegen könnte sie gestohlen bleiben, Daisy selber ist über beide Ohren verliebt. Nicht etwa in einen Jungen der Klasse, sondern in den großen Schwarm aller Mädchen: Jambo aus Afrika. Der Comic spielt in Schulzimmern, Schultoiletten, Lehrerzimmern und auf Pausenplätzen, er erzählt von den Problemen der Schülerinnen und Schüler und zeigt humorvoll das Verhältnis eines Lehrers zu seiner Schulklasse.

Ein lustiges Comicabenteuer, nicht zuletzt auch für Lehrpersonen.

Hinweise

Die Hauptfiguren sind als verschiedene Tiere dargestellt. Die Klasse Muheim ist vielen Leserinnen und Lesern aus der Jugendzeitschrift «Spick» bekannt. Zur Zeit liegen drei Bände mit Geschichten von der Klasse Muheim vor.

Humor / Lehrer / Schule / Schulklasse

Franquin

Gaston, Gesammelte Katastrophen

Aus dem Französischen von Hedda Siebel und Marcel Le Comte
Hamburg: Carlsen 1999 (Gaston; 10)
48 S., brosch., Fr. 14.30, ISBN 3-551-73170-5

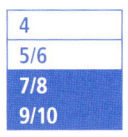

4
5/6
7/8
9/10

Gaston arbeitet im Carlsen Verlag. Die Arbeit interessiert ihn aber nicht sonderlich. Gastons Kopf steckt voller Ideen: Am liebsten widmet er sich seinen Erfindungen und führt kleinere und größere Experimente durch. Doch diese enden meist in einer Katastrophe. So bringt Gaston seinen Mitarbeiter Demel immer wieder um den Vertrag mit Direktor Bruchmüller. Jedes Mal, wenn Bruchmüller unterschreiben soll, kommen Gastons Erfindungen dazwischen. Nur Fräulein Trudel, die Sekretärin, hat Vertrauen in Gaston; ja Fräulein Trudel lässt sich sogar zu einer Motorradfahrt einladen, obwohl Gaston für den Verkehr eine echte Gefahr ist und mit Polizist Knüsel öfter in Konflikt gerät. Im vorliegenden Band hat sich Gaston chemischen Prozessen verschrieben. Bruchmüller wird dieses Mal beim Betreten der Redaktionsräume nicht vom Schlag getroffen, da er dank Gastons neuer Oberflächenbehandlung für Kunststoffböden gar nicht erst eintreten kann.

«Gaston» bietet ein Comicvergnügen, bei dem viel gelacht werden kann.

Hinweise

In dem Band werden auf je einer Seite einzelne Abenteuer von Gaston vorgestellt. Sämtliche Gaston-Streiche liegen in einer chronologisch geordneten Gesamtausgabe vor. Bislang sind 19 Bände erschienen.

Erfinder / Humor

Leloup, Roger
Flug in die Vergangenheit
Aus dem Französischen von Hartmut Becker und Paul Derouet
Carlsen: Hamburg 2001 (Yoko Tsuno; 5)
46 S., brosch., Fr. 14.30, ISBN 3-551-02125-2

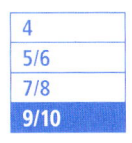

| 4 |
| 5/6 |
| 7/8 |
| **9/10** |

Yoko Tsuno ist Elektronikspezialistin und wird zusammen mit ihren Freunden Berthier und Knut immer wieder in aufregende Abenteuer verwickelt. Im Band «Flug in die Vergangenheit» beweist sie ihren Mut nicht als Raumfahrerin im Weltall, sondern als Pilotin. Der Satellit Intelsat IV empfängt den Funkspruch eines Flugzeugs, das 1933 abgestürzt ist. Ein Notruf aus der Vergangenheit? Im Auftrag des britischen Geheimdienstes sollen Yoko Tsuno und ihre Freunde das Flugzeug ausfindig machen. Nicht unbedeutend ist dabei die Fracht, die wichtige Dokumente des britischen Geheimdienstes enthält. Bald schon erfährt Yoko Tsuno, dass sich nicht nur die Briten für die geheimnisvolle Fracht interessieren.

Flugzeugbegeisterte werden sich über diesen Comic freuen.

Hinweise

Bislang sind 23 Bände mit Geschichten über Yoko Tsuno erschienen, alte Bände wurden neu aufgelegt (auch «Flug in die Vergangenheit»). Mit Yoko Tsuno steht eine starke Frauenfigur im Mittelpunkt, und die Geschichte ist spannend erzählt. Leider ist der Text in sehr kleinem Schriftgrad gesetzt.

Abenteuer / Flugzeug / Frau

Sfar, Joann / Munuera, Jose L.
Merlin, Schinken und Schnittchen
Band 1
Aus dem Französischen von Jana Villim; Illustrationen von Jose Luis Munuera
Hamburg: Carlsen 1999 (Reihe Merlin)
48 S., brosch., Fr. 14.30, ISBN 3-551-74411-4

| 4 |
| 5/6 |
| 7/8 |
| **9/10** |

Der Comic erzählt von der Kindheit des grossen Zauberers Merlin. Eines Tages rühmt sich Klein-Merlin bei seinen Kollegen seiner grossen Zauberkünste, doch er erntet nur Spott und Hohn. Um seine Kollegen zu überzeugen, begibt er sich auf die Suche nach seinen Zauberkräften. Dabei trifft er das sprechende Schwein Schinken und den kartoffelähnlichen Oger Schnittchen. Die drei sinnen auf Rache. Sie wollen die Prinzessin

entführen, die sie beleidigt hat. Im vorliegenden Band erfahren die Leserinnen und Leser, welche Abenteuer das Trio im Schloss erlebt und wie es zum Schluss vor dem Galgen gerettet wird. Allmählich fühlt sich Merlin beim Zaubern sicherer …
Ein Comic voller Witz und Humor.

Hinweise
Die Geschichte von Merlin ist in eine Rahmengeschichte gebettet. Am Anfang und am Schluss begegnet man einem alten Drachen, der seinem Sohn die Legende von Merlin vorliest. «Merlin» wurde 1999 in Sierre als bester Jugendcomic ausgezeichnet. Zur Zeit liegen vier Bände mit Geschichten von Merlin vor.

Fantasy / Humor / Mittelalter / Zauberer

Zep

Faszinierend …

Aus dem Französischen von Joachim Kaps
Hamburg: Carlsen 1998 (Titeuf; 4)
48 S., brosch., Fr. 14.30, ISBN 3-551-73334-1

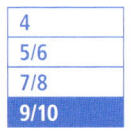

4
5/6
7/8
9/10

Held der Comicserie ist der 10-jährige Titeuf. Titeuf und seine Freunde Franz und Hugo versuchen, Antworten auf Fragen des Lebens zu finden. Wie ist es, wenn man sich zum ersten Mal verliebt? Wie funktioniert ein Zungenkuss? Warum will Nadia Titeuf nicht heiraten? Weshalb sind die Väter arbeitslos, und warum muss man Kräutertee trinken, wenn man krank im Bett liegt? Um diese Fragen zu beantworten, muss sich Titeuf allerhand einfallen lassen, und manchmal sind seine Einfälle ganz schön verrückt. Titeuf ist unwiderstehlich, wenn er mit seiner steil aufragenden Haartolle und seinen dünnen Beinen den Kampf gegen den Schulalltag aufnimmt.
Titeuf muss man einfach gern haben!

Hinweise
Der Band umfasst verschiedene Geschichten, die jeweils auf einer Seite Platz finden. Der Schulhof wird nicht als heile Welt beschrieben, auch Probleme werden aufgegriffen, jedoch ohne moralisierenden Fingerzeig. Die Geschichten von Titeuf sind ausgesprochen lustig. Sie eignen sich eher für ältere Schülerinnen und Schüler. Zur Zeit liegen acht Bände mit Geschichten von Titeuf vor.

Humor / Junge / Pubertät / Schule

Autorinnen/Autoren

Andersen, Leif Esper	45	Loon, Paul van	10	Twain, Mark	44
Arold, Marliese	8	Lord, Trevor	77	Venzke, Andreas	38
Auer, Martin	7	Maar, Paul	11	Wagener-Drecoll, Monika	82
Ballinger, Erich	76	Mai, Manfred	29, 67	Welsh, Renate	17
Banscherus, Jürgen	20, 59	Martin, Hansjörg	50	Winnig, August	57
Barks, Carl	89	Meissner-Johannknecht, Doris	29, 68	Wölfel, Ursula	18
Beaumont, Emilie	83	Melville, Herman	51	Wyssen, Hans-Peter	19
Beggs, Karen	82	Mestron, Hervé	52	Zanger, Jan de	58
Bertagna, Julie	33	Meyer-Dietrich, Inge	11, 52	Zep	92
Betancourt, Jeanne	20	Michael, Mick St.	85	Zöller, Elisabeth	39, 58
Bieniek, Christian	21, 40	Millman, Dan	12		
Blacker, Terence	21	Mitchell, David	84		
Blanck, Ulf	22	Miyazakis, Hayao	88		
Blume, Sylvia	59	Munuera, Jose L.	91		
Breuel-Steffen, Malis	82	Nahrgang, Frauke	13		
Clements, Andrew	33	Noack, Hans-Georg	68		
Coudray, Philippe	87	Nöstlinger, Christine	69		
Cramer, Stasia	45, 46	O'Dell, Scott	30		
Dæhli, Liz Bente L.	34	Obrist, Jürg	42		
Dale, Jenny	23	Olbrich, Johannes Maria	70		
Defoe, Daniel	35	Oldenhave, Mirjam	53		
Delval, Marie-Hélène	60	Osborne, Mary Pope	13		
Derib	87	Packard, Edward	53		
Dunker, Kristina	61, 62	Peyo	88		
Erben, Eva	63	Press, Hans Jürgen	31		
Fährmann, Willi	46	Preston, Kate	85		
Färber, Werner	23	Price, Susan	36		
Feid, Anatol	47, 64	Ransford, Sandy	80		
Franquin	90	Recheis, Käthe	14		
Friedmann, Herbert	40	Rhyner, Thomas	85		
Fülscher, Susanne	65	Rinkoff, Barbara	70		
Funke, Cornelia	7, 24	Roholte, Dorte	31		
Gahrton, Måns	47	Schader, Basil	14		
Gemmel, Stefan	48	Schäfer, Wendel	71		
Gilligan, Shannon	24	Schär, Brigitte	15		
Gorton, Julia	76	Schindler, Nina	16		
Graham, Ian	83	Schlipper, Annette	54		
Grün, Max von der	25	Schliwka, Dieter	71		
Gunzi, Christiane	75	Scholes, Katherine	43		
Hagemann, Bernhard	41, 49	Schubert, Ulli	32		
Härtling, Peter	26	Schwab, Käthi	18, 55		
Hauenschild, Lydia	8	Seidemann, Maria	43		
Holland, Simon	78	Sfar, Joann	91		
Job	87	Sieger, Ted	90		
Kästner, Erich	27	Simpson, Judith	77		
Kätterer, Lisbeth	8	Sklenitzka, Franz Sales	16		
Kentley, Eric	79	Smadja, Brigitte	37		
Kersten, Detlef	35	Sommerer, Amaryllis	17		
Keser, Ranka	66	Somplatzki, Herbert	55, 72		
Klement, Robert	50	Stevenson, R. L.	37		
Kolk, Anton van der	9	Stewart, Maureen	73		
Kromhout, Rindert	9	Stricker, Kathrin	18, 55		
Laird, Elizabeth	41	Sutter, Liz	90		
Lamarque, Philippe	83	Thenior, Ralf	56		
Leloup, Roger	91	Tielmann, Christian	73		
Lembcke, Marjaleena	67	Tillage, Leon Walter	56		
Lindgren, Astrid	28	Timm, Uwe	32		

Titel

Titel	Seite
Abenteuer Technik	83
Abschied von Winston	20
Achmed M. im Bahnhofsviertel	64
Ägypten	83
Alki? Ich doch nicht!	73
Alles Lüge	64
Als aus Janusz Jan wurde	55
Als die Steine noch Vögel waren	67
Anna Eisblume	61
Anna rennt	58
Barbarossa	71
Barnabas der Bär: Große Klasse	87
Bei den Dinosauriern	80
«Ben liebt Anna»	26
Bildatlas für Kinder	76
Bimbo und sein Vogel	7
Carlos kann doch Tore schießen	38
Champions für einen Tag	41
Christina – Freunde gibt es überall	11
Comics von Carl Barks	89
Cool am Pool	29
Das doppelte Lottchen	27
Das Geheimnis des friedlichen Kriegers	12
Das Gespenst ohne Kopf	24
Das Leben und die seltsamen Abenteuer des Robinson Crusoe	35
Das Piratenschwein	7
Das Riesenbuch der Rennautos	77
Das Römerzimmer	57
Das Vamperl	17
Das war der Hirbel	26
Dein Körper	75
Der Geisterbär	87
Der gestohlene Zauberring	40
Der haarige Bill	36
Der Klassen-King	39
Der Schneider von Osterwyk	57
Der Superkleber	37
Dibs und der Delfin	33
Die Abenteuer der «schwarzen Hand»	31
Die Geschichte der Titanic	79
Die Glasmurmel	58
Die Ilse ist weg	69
Die Insel der blauen Delfine	30
Die Jacke	33
Die Katzen	60
Die Nacht der Werwölfe	53
Die Sache im Supermarkt	50
Die Schatzinsel	37
Die Vampirschule	10
Die Zahnspange	18
Donna, ich und die Sache mit Tommi	53
Dornröschen küsst	62
Ein pferdestarkes Mädchen!	17
Ein Stürmer zu viel	40
Ein Superlohn	55
Eine Woche voller Samstage	11
Einmal um den Häuserblock	70
Elf Kinder – ein Tornado!	23
Elvis Presley	82
E-M@il in der Nacht	68
Emil und die Detektive	27
Eva & Adam: Schule, Schereien und die erste Liebe	47
Faszinierend ...	92
Fliegender Stern	18
Flossen hoch!	16
Flug in die Vergangenheit	91
Flüsse und Seen	78
Gaston, Gesammelte Katastrophen	90
Gefressen werden die Kinder	70
Geheime Freundschaft	41
Gespenstergeschichten mit Freda	16
Gisbert der Kurzsichtige	43
Hakenkreuz und Gänseblümchen	71
Hexenfieber	45
Hilfe! Help! Aiuto!	14
Ich bin eine deutsche Türkin	66
Im Reich der Mammuts	13
Indianer	77
Interpaul ermittelt: Taschendiebe auf der Flucht	52
Johnny schweigt	49
Julias Traum	54
Karambolage	59
Karo Karotte und der Club der starken Mädchen	21
Keine Angst, Maria	47
Kinder dieser Welt	86
Kinny-Kinny und der Steinriese	14
Klarer Fall?!	42
Klasse Muheim, es bleibt einem nichts erspart	90
Kleine Pferdegeschichten	8
Kleine Ponygeschichten	8
Kleiner Werwolf	24
Kommissar Karsten Kuhl	59
Kommissar Kniepel	35
Leons Geschichte	56
Liebe gibt's nicht	61
Lust auf asiatischen Kampfsport	84
Madonna	85
Merlin, Schinken und Schnittchen	91
Mich hat man vergessen	63
Micki – das beste Pony der Welt	31
Millionär für Minuten	73
Moby Dick	51
Monsterbesuch	15
Pferde & Ponys	80
Polizeihund Max und der verschwundene Junge	23
Prinzessin Mononoke	88
Rennschwein Rudi Rüssel	32
Rette die Titanic	50
Rolltreppe abwärts	68
Ronja Räubertochter	28
Sam's Wal	43
Saskia der Blindenhund	8
Siegfried von Xanten	46
Spielend lesen 4	19
Sport	81
Sprung ins Kreuz	72
Spuk in Rocky Beach	22
Starke Männer	85
Supertyp gesucht	65
Susis Geheimnis	88
Tausendmal gerührt ...	82
Tessloffs erstes Buch der Wale und Delfine	75
Till Eulenspiegel	39
Tim und die Mädchen	45
Tom Sawyers Abenteuer	44
Tooor!	76
Tore, Träume, Schokoküsse	32
Tore, Tricks und schräge Typen	20
Und das nennt ihr Mut	52
Verliebt hoch zwei	46
Vorstadtkrokodile	25
Warum gerade Andreas?	67
Was heißt hier Feigling!	34
Was ist denn schon dabei?	74
Was ist los mit Ramón?	9
Was will der Dieb in unserem Haus?	9
Wer hat schon Angst vor Vampiren!	10
Wir werden Meister	29
Wirklich NICHTS passiert?	48
Zauberhafte Miss Wiss	21
Zerbrochene Träume	56
Zwei Mädchen auf heißer Spur	13

Schlagwörter

Abenteuer	7, 13, 28, 30, 35, 38, 39, 41, 44, 50, 51, 54, 88, 89, 91	dunkelhäutiges Mädchen	68	Heimerziehung	26, 69
Afroamerikaner	34	ehemaliges Jugoslawien	12	Hexe	22
Ägypten	84	Ehescheidung	27, 69	Hexenverfolgung	45
Alkoholismus	73	Einbruch	9	Hilfsbereitschaft	28, 44
Alltag	55, 86	Eiszeit	13	historische Erzählung	45, 51
Alltagswissen	83	Elvis Presley	82	Hobby	19
Alzheimer	62	E-Mail	68	Humor	7, 8, 10, 11, 15, 16, 17, 20, 21, 22, 24, 27, 28, 30, 32, 36, 38, 39, 42, 48, 49, 87, 90, 91, 92
Anderssein	12, 26, 27, 42, 62, 71	England	36, 49	Hund	8, 23
Anerkennung	71	Entenhausen	89	Identitätsfindung	21, 32, 52, 58, 62, 71
Angst	9, 39, 58, 74	Erfinder	91	Identitätssuche	45
Angstbewältigung	9, 34	erste Liebe	41, 45, 46, 48, 54, 56, 58, 59, 61, 62, 66, 68	Igel	16
Apartheid	57	Erwachsene	55	Indianer	14, 18, 78, 87
Armut	47	Erwachsenwerden	18, 28, 71	Insel	30, 35, 38
Asien	84	Erzählung		interaktive Erzählung	19
Asylbewerber	72	interaktiv	19	interaktive Kriminalgeschichte	31, 36, 41, 42
Atlas	76	historisch	45, 51	interaktive Schauererzählung	25, 54
Ausgrenzung	53	Fairness	29	Interview	85
Ausländer	56	Familie	8, 15, 21, 30, 32, 33, 52, 67	Jahrhundertwende 1900	79
Ausländerfeindlichkeit	65, 72	Familienkonflikt	69	Japan	88
Ausreißen	69	Fantasie	11, 24	Judenverfolgung	63
Außenseiter	37, 53	Fantasy	92	jüdisches Mädchen	63
Außenseiterin	42, 62	Fledermaus	17	Jugendbande	25, 52
Aussiedler	27	Flugzeug	91	Jugendliche	55, 59, 68, 69, 71, 73
Austauschschüler	49	Fluss	78	Junge	7, 9, 14, 24, 26, 32, 33, 38, 40, 43, 44, 45, 87, 89, 92
Ballett	48, 72	Frau	91	mutiger ~	35
Bär	87	Fremdenfeindlichkeit	55	Kakaoplantage	19
Basketball	45	Freund	10	Kampfsport	84
Behinderung		Freundin	61	Katze	19
Blindheit	8	Freundschaft	9, 10, 12, 13, 18, 20, 23, 24, 25, 27, 28, 30, 31, 34, 35, 37, 40, 41, 42, 43, 45, 46, 48, 50, 51, 52, 53, 58, 59, 70, 71, 72	Kind	19, 86
geistige ~	26, 67			Kochen	82
Mutismus	33			Konfliktlösung	39
Querschnittslähmung	25, 72			Konzentrationslager	63
Stottern	58	Fußball	20, 23, 29, 38, 40, 76	Körper	75
Billard	59	Gefangenschaft	44	Kriminalgeschichte	20, 22, 23, 52, 60, 74
Biografie	82, 85	Gefängnis	69	interaktive ~	31, 36, 41, 42
Blindenhund	8	geistige Behinderung	26, 67	Kulturen	
Blindheit	8	Geografie	76	Ägypten	84
Bolivien	9	Gericht	51	Indianer	14, 18, 78, 87
Brasilien	38	Geschichte	84	Roma	12
Breslau	70	Ägypten	84	Kulturkonflikt	65, 66
Bruder	10, 33	Eiszeit	13	Ladendiebstahl	51, 69
Chile	47	Hexenverfolgung	45	Länder	
Clique	21, 37, 39, 71, 73, 74	historische Erzählung	45, 51	Bolivien	9
Cyberspace	50	Jahrhundertwende 1900	79	Brasilien	38
Dänemark	45	Mittelalter	39, 41, 44, 92	Chile	47
Delfine	33, 75	Nachkriegszeit	58, 70	Dänemark	45
Denkspiel	31	Nationalsozialismus	68	Deutschland	49, 65, 66
Detektiv	16, 20, 22, 28, 31, 42, 60	Römerzeit	19	England	36, 49
Detektivin	13, 42	Steinzeit	19	Japan	88
Deutschland	49, 65, 66	Weltkrieg (1939–1945)	63	Jugoslawien	12
Dieb	19	Geschwister	13, 44, 67	Marokko	65
Diebstahl	52	Gespenst	19, 25, 57	Polen	27
Dinosaurier	81	Gespenstergeschichte	16, 36	Schottland	36
Disney	89	Gewalttätigkeit	39, 41, 55, 56, 62	Türkei	66
Droge	64	Gewaltverzicht	12		
Drogenkriminalität	65	Hase	16		

USA	34, 57	Rechtsradikalismus	68, 72	Blindenhund	8
Lehrer	90	Reiten	17, 46, 80	Delfin	33, 75
Lehrerin	22	Riese	7	Dinosaurier	81
Liebesgeschichte	27	Robinsonade	30	Fledermaus	17
Mädchen	13, 16, 17, 20, 24, 27, 30, 31, 32, 42, 53, 64, 89	Rock 'n' Roll	82	Hase	16
		Roma	12	Hund	8, 23
dunkelhäutiges ~	68	Römerzeit	19	Igel	16
jüdisches ~	63	Säbelzahntiger	13	Katze	19
mutiges ~	15, 28	Sagen	46	Mammut	13
starkes ~	21, 29, 47	Sänger	82	Maus	19
türkisches ~	66	Sängerin	85	Pferd	8, 17, 20, 31, 46, 80
Madonna	85	Schatzsuche	7	Pony	8, 80
Mammut	13	Schauererzählung	10, 57, 60	Ratte	19
Manga	88	interaktive ~	25, 54	Säbelzahntiger	13
Mann	85	Schelm	44	Schwan	7
Märchen	14, 88	Schiffsuntergang	79	Schwein	7, 32
Marokko	65	Schneider	57	Wale	43, 51, 75
Maus	19	Schottland	36	Tischfußball	32, 41
Mehrsprachigkeit	15	Schuldgefühl	58	Titanic	50, 79
Mensch	78	Schule	15, 34, 48, 53, 68, 74, 90, 92	Türkei	66
Militärdiktatur	47	Schulklasse	22, 23, 37, 90	türkisches Mädchen	66
Mittelalter	39, 41, 44, 92	Schwan	7	Überleben	30
Mobbing	53, 74	Schwein	7, 32	Umwelt	78
Motorradfahren	54	Schwester	62, 64, 69	Unfall	72
multikulturelle Gesellschaft	12, 15, 19, 55, 66, 86	See	78	Ungeheuer	15
		Seemann	7, 38, 51	Ungerechtigkeit	57, 58
Musik		Seeräuber	7, 19, 38	Unterdrückung	47
Elvis Presley	82	Selbstbehauptung	11	Urlaub	30
Madonna	85	Selbstbewusstsein	54	USA	34, 57
Rock 'n' Roll	82	Selbstvertrauen	11, 35, 38, 55	Vampir	10, 17
Sänger	82	sexuelle Belästigung	48	Vergewaltigung	61
Sängerin	85	Skateboard	19	Verlieben	32, 39, 52, 58, 62, 72, 74, 88
Mut	12, 14, 16, 18	Slum	38	Vorurteile	34
mutiger Junge	35	Solidarität	25	Wale	43, 51, 75
mutiges Mädchen	15, 28	Spannung	22, 54, 60	Walfang	51
Mutismus	33	Sport	81	Weltkrieg (1939 – 1945)	63
Mutprobe	52	Basketball	45	Werwolf	24, 54
Mutter	68	Billard	59	Wunsch	17, 54
Nachkriegszeit	58, 70	Fußball	20, 23, 29, 38, 40, 76	Zauberer	92
Narr	39	Kampfsport	84	Zeitreise	25, 44
Nationalsozialismus	68	Motorradfahren	54	Zwilling	27, 62
Natur	67, 87	Rallyesport	77		
Nibelungen	46	Reiten	17, 46, 80		
Obdachloser	71	Skateboard	19		
Obdachlosigkeit	9	Tischfußball	32, 41		
Pferd	8, 17, 20, 31, 46, 80	Sportunterricht	34		
Pharao	84	Sportwagen	77		
Philosophie	12	Spuk	10		
Polen	27	starkes Mädchen	21, 29, 47		
Pony	8, 80	Steinzeit	19		
Pop	85	Stottern	58		
Pubertät	45, 54, 66, 92	Strafverfahren	51		
Pyramide	84	Sucht			
Querschnittslähmung	25, 72	Alkoholismus	73		
Rallyesport	77	Droge	64		
Rassismus	56, 57	Tagebuch	66, 73		
Rätsel	36, 42, 60	Technik	83		
Ratte	19	Tiere	14, 16, 78, 87		
Räuber	28	Bär	87		